U N READ

单身偏见

〔澳〕克莱尔·佩恩 著

张林 译

上海文化出版社

献给那些愿意放下成见的人

哪怕只是一点点

目录

作者的话   I

第一章 谁才是正常的?   001
    独来独往   003
    前所未有的人口变化   009
    "正常"的成年生活   026
    领导者的特质   036

第二章 重估独立   047
    女权主义忘记单身女性了吗?   049
    单身的代价   056

第三章 苛刻的观点   067
    人格诋毁   069
    女性和孩子   077
    单身男性   087

第四章　迷思与配对　　　　　　　095
　　消除单身迷思　　　　　　　097
　　对爱与性的追求　　　　　　110

第五章　全新的政策视角　　　　117
　　工作领域　　　　　　　　　120
　　社区服务　　　　　　　　　125
　　学术盲点　　　　　　　　　129
　　一个包容的社会　　　　　　131

第六章　美好生活　　　　　　　133
　　生命的价值　　　　　　　　135
　　何为美好生活　　　　　　　141

后记　　　　　　　　　　　　　　152
致谢　　　　　　　　　　　　　　153
参考资料　　　　　　　　　　　　155

作者的话

对单身人士生活的研究与表述，比我一开始想象的复杂得多，有时，我也怀疑自己是不是心有余而力不足。但我很快发觉，人们对单身人士的看法受到很多因素的影响，有些大，有些小，有些站在社会层面，有些则基于个人情况。本书中写到的许多话题，都可以单独展开进行研究。我试图解决那些在我看来最严重的问题，但也许有人会觉得我忽略了其他。无论如何，我希望这本书能让人们对单身人士的生活及我们共处其中的社会有新的认识。在研究和写作的过程中，我常常有一种紧迫感——单身人士应当拥有更多的话语权，在政府、企业、社区的公众调查及政策制定方面发挥更大的作用。

和其他作者一样，我的观点是由我自己的背景和经历塑造的。我尝试着广泛阅读、四处请教，填补自己的知识空白，质疑自己的观点。我也意识到，要关注单身人士的生活，而不是去批评婚姻。婚姻对某些人来说是正确的，但这本书关注的是那些不在婚姻中的人——那些单身人士。

  我希望您作为读者，能够像我一样，从这些文字中学到一些东西。当然，尚未了解的还有很多，我期待随着人们的回应及未来的发展，我能学到更多。希望通过阅读本书，我们都能对未知有更好的准备。

克莱尔·佩恩
2017年11月

第一章

谁才是正常的?

大约三亿单身人口揭示了一种全新的生活，
而这种生活需要被讲述。

独来独往

过去十多年里，我一直在一家大型非营利组织的董事会中任职，这是我从二十多岁起一直做到现在的工作。其间我交过至少三个男朋友，中间也有单身的时候，但董事会里那些私交不深的同事并不知道。这些年来，不管我的感情状况如何，每当他们问起我男朋友的情况时，我都会说"挺好的"。谈及"他"的工作时，"他"也会从一个行业换到另一个行业。我没有跟谁说过自己分手，也没有说过自己现在是单身还是有了新的恋情。事实上，我口中的"男朋友"，是好几个前任男友的综合体。

当我思考这样做的原因时，很容易就能得出结论——我不想显得朝三暮四、反复无常，更不想显得太过随便。虽然这是一种关于自我的看法，但希望以某种方式被看待的愿望背后，隐藏着更多的东西。我用这种方式来回应某种远比我自己及我的生活强大的压力。我希望看起来"一切正常",理所当然地和其他人一样拥有来自家庭的坚强后盾,毕竟,即便不是全部,我的大部分同事都已结婚生子。我希望看起来"足够成熟",能够胜任目前的领导岗位。我希望在其他人看来,生活中的我和工作中的我一样果敢有主见。

当然,我已经是个成年人了,各方面都已经很成熟。但是,在我看来,我的同事们对于"真正的成年生活"有另一种理解,而那不是我的生活,不是单身的我或者更换伴侣的我所拥有的生活。这种认识会让我的一部分生活变得难以理解,因而失去了与其他人联结、相互理解并感同身受的机会,它开始让我思考作为成年人到底意味着什么,所谓"好的生活"又到底是什么样子。经过研究及新的认识,那些对结婚生子等既定规则之外的一切事物明显和相对不明显的偏见都变得越发清晰。

作为一名大型法律与金融公司的专业人员,我早就有一种直觉,人们对于单身者,尤其对于单身女性存在一种消极的偏见。而我作为前职业律师,或许更能准确识别出针对特定人群的歧视及刻板印象。

如今,法律能保护人们免受因性别、种族、身体障碍、性取向乃至婚姻状况（通常认为已婚女性比未婚人士更需要这种保护）而引发的歧视。然而，即便如此，种种歧视依然影响着人们的日常生活。人们需要持续关注这些状况，直到不再有类似的事情发生。不断分析阻碍个人及群体进步的障碍是很重要的，尤其当这种障碍与我们的工作和生活方式息息相关时。社会作为一个整体出现时，我们也需要时刻关注人们的观念及行为模式的转变，因为，当我们将注意力放在某个问题上时，其他问题也有可能出现。在我看来，我们讨论的是人们对单身人士的偏见，甚至在某些情况下是歧视。

单身者可能会因为一些小事而被单独拎出来，从带有攻击性的"为什么还是单身"的提问，到"太挑剔"或"太自私"的指责，再到认为单身人士显然会在一段亲密关系中缺乏责任感、不够可靠或不值得信赖的种种假定。这样的假定会对生活的方方面面产生巨大影响，从在餐厅里接受的服务到就业前景，再到个人财务管理，甚至人生价值。

由于工作环境及政治政策不断倾向于为核心家庭[1]提供定制措施及福利，单身者往往会被遗忘。在单身生活比以

---

[1] 指由一对夫妇及未婚子女（无论有无血缘关系）组成的家庭。本书脚注如无特别说明，均系编者注。

往任何时候都要普遍，甚至还会更加普遍的时代，这群人反而变得隐形了。因单身而遭受的歧视和偏见或许不是一个人所能承受的最糟糕的事，但对某些人来说，这可能就是他们面临的最严重、最令人痛苦的问题——和大部分事物一样，感知因人而异。我并不是要比较不同的歧视方式，只是想明确一点，针对单身人士的歧视和偏见的确存在。

理解并消除针对单身人士的消极偏见和不公平看法是非常重要的，尤其在全球范围内，单身人士数量众多。他们是教师、医生、律师，也可能是能让社区繁荣发展的社会工作者。他们是父母、叔叔、阿姨、教父母、祖父母，他们努力让家庭成员团结在一起。他们是我们这个社会中值得信赖的成员，对许多人来说，他们是最好的朋友。许多单身人士生活得很好，只不过他们的"很好"和那些有伴侣的人所拥有的"很好"不同。

重视单身生活绝不是一件小事。如果我们要解决众多亲密关系中极具破坏性的阻碍，以及以惊人速度增长且无关乎社会经济地位的家庭暴力事件，很重要的一点就是要认识到单身生活并不可怕。有关工作的政策及影响我们生活其他方面的政策，必须考虑单身成年人的独特性。单身人群需要得到重视，需要在制定政策及考量政策可能产生的后果时予以考虑。政治家们不仅要关注并为已有孩子的父母说话,也要为那些同样给社会做出了贡献的单身人士说话。

作为一名在跨国公司工作,辗转于悉尼、伦敦、纽约的单身女性,我从二十多岁走向年近不惑,越来越清楚地意识到自己的单身状态。高级管理层中很少有单身的人。在保守的法律及金融行业,离婚的人也会很快选择再婚。我的职位越高,和我共事的单身同事就越少,而我的工作也会因为缺少他人的理解和建议受到影响。

毫无疑问,我的认识会受到家庭环境(双亲家庭,三个兄弟姐妹都已结婚)、宗教信仰(在天主教家庭中长大)及社交圈(许多密友都是学生时代的朋友,很少有人来自单亲家庭)的影响。然而,和很多人一样,我也曾试图让自己适应那些既定的规则,它告诉你什么是对的、什么是好的、什么是"正常"的,即便这些问题的答案从来都不是什么值得羞耻的东西。

很幸运,像很多单身人士一样,我的生活很美好。只是我过了很长一段时间才意识到这一点。在这个过程中,我不得不重新思考作为一个成年人,作为一个好父亲、好母亲究竟意味着什么。我必须对生命的价值,尤其是我自己生命的价值有更全面的认识。

　　不管是否出于自愿，我们都有可能单身，因此，哪怕是那些现在处于亲密关系中的人，也很有必要了解一下这种你可能会过上的生活。

前所未有的人口变化

在悉尼内城区边缘帕兹角（Potts Point）的超市里，购物的人或提着篮子，或手里抱着几样东西，数量都不多，可以轻松拿回家。仅有的几辆手推车只有普通手推车的一半大小，孩子们也不会抓着它不放。大多数人买的东西不超过十件，基本都是新鲜食物，看上去是当天的晚餐食材。在柜台前，你也不会看到琳琅满目的巧克力。

麦克雷街上一家鞋店的老板，辗转于世界时尚之都，购进当季最好的鞋子，但是有一个前提，他只挑平底鞋，因为他的顾客都是惯常走路的人。他们步行去城里上班，步行去美术馆、剧院、超市，有时甚至每天都要去超市。

在帕兹角的街道上，你会看到牵手的人。在这里，牵手散步的男同性恋者和牵着孩子的妈妈一样普遍。在超市楼上的艾肯住宅楼里，男同性恋者和单身女性找到了和谐的共处方式。附近有一些孩子,但不算多,通常一个家庭只有一个孩子,其中一些还是单亲家庭。在帕兹角,人们维系的亲情更多的是和上一辈的父母而非下一辈的子女。七八十岁的老人,常坐在当地一直从午餐营业到晚餐且持续供应咖啡的餐厅里,有些和老伴一起,多数独自一人。他们衣着得体,很有可能是知名人物——澳大利亚前总理、知名女权主义者、前司法部部长、多位澳大利亚演员及作家,他们都是这里的居民。

悉尼最昂贵的一些公寓就坐落在帕兹角。这些公寓坐拥开阔的港湾景观,也可以俯瞰威赛德教堂(Wayside Chapel)的屋顶花园。那些无家可归的人在花园下面的咖啡厅里制作着要售卖的食物。教堂里设有澳大利亚首个合法的毒品注射室"宽恕屋"(Tolerance Room)。在帕兹角,不同年龄的志愿者聚在一起,担任董事会成员,为修复教堂捐赠资金。这座位于该区域中心的教堂对许多居民来说意义重大。

在我长大的地方、悉尼上北岸二十公里外的郊区沃龙加(Wahroonga),情况就完全不同了。在那里,一排排的手推车迎接着前往超市的顾客,每个手推车都设有专为孩子准备的座位。在超市外的停车场里,有专门的雇员负责回收手推车并将其送回超市。手推车里堆满了人们未来一周的必需品，而这些东西会被人们装进汽车——很可能是四轮驱动的汽车。和帕兹角相比，这里的家庭人口更多，人们的车子更大，房子也更大，但剧院更少，为无家可归者提供的庇护所更少，老年人往往只能待在养老院里。

我甚至不记得在成长过程中见过露宿街头的人，但住进内城区后，我认识了一些流浪汉，还知道他们的名字。在我住过的码头上，有一个流浪汉每天都在那里晒太阳，而他常常是早上第一个和我说话的人。

在富裕的内城郊区，独居绝对占据主导地位。在帕兹角，50%的家庭只有一间卧室[1]，而这一数字在沃龙加仅为3%[2]。接近60%的沃龙加居民是有孩子的夫妻，而在帕兹角，这一比例为10%。这种生活方式上的巨大差异存在于巴黎、纽约、伦敦等全球其他大型城市——且不只属于大城市。几十年来，人口结构发生了更广泛的变化，单身人士和单人家庭的数量显著增加。即便是在整个新南威尔士州，独居人群也被视为最重要的"新兴群体"[3]。这些数字都是前所未有的，但针对这一社会现象，却鲜有分析或评论。

社会心理学家贝拉·德保罗（Bella DePaulo）几十年间一直在研究这一课题，在她看来，21世纪是一个"单身时代"[4]。她谈到数量空前的单身成年人及单身生活的优势。

纽约大学社会学教授、《单身社会》(Going Solo)一书的作者艾里克·克里南伯格（Eric Klinenberg）也认同这一观点，"独居人群数量的惊人增长是我们始料未及、未能命名及定义的最大的社会变化"[5]。他表示，"更普遍的独居现象改变了我们消磨时间的方式。它会影响我们的亲密关系、家庭和社区。它会改变市场，也会改变我们的生存和死亡"[6]。

长期以来，心理学家、社会研究员休·麦凯（Hugh Mackay）一直在探讨澳大利亚迅速出现的"家庭萎缩"。2017年，在澳大利亚SBS电视台的节目《洞察》(Insight)中，他谈到单身人士的数量增长是有史以来最显著的人口变化[7]。我和麦凯讨论这一话题时，他表现出极大的兴趣。他甚至认为，家庭的萎缩及单身人数的增长是人口结构上的"全球变暖"。我问他能否引用这句话，他说"当然可以"，就好像我在进行某种社区服务。在麦凯看来，家庭规模及结构的变化是社会发展过程中最能说明问题的指标之一。

尽管有诸多社会调查，单身人群的实际数量依旧令人吃惊。联合国人口署前负责人、人口统计学家约瑟夫·夏米（Joseph Chamie）的研究表明，2017年，在至少二十五个发达国家，单人家庭的数量超过了已婚生子家庭的数量。在芬兰、德国、日本等多个国家，单人家庭的数量占比已达到有子女家庭的两倍[8]。根据欧睿公司的数据预测[1]，2020年，发达国家的独居人口总数将超过3.31亿[9]。这一数字跟全球七十亿人口相比似乎显得微不足道，但它意味着，在不到十年的时间里，独居人数增长了近20%，或许我们能够从中看到未来的趋势。

全球趋势

在丹麦、芬兰、德国、挪威等欧洲国家，单人家庭的比例最高，40%甚至更多的住宅里仅有一人。法国、意大利、瑞典等其他欧洲国家紧随其后，独居比例超过30%。美国、日本、澳大利亚、新西兰等国家的独居比例相对适中，约为25%。

想想你住在哪里，这可能暗示着你的邻居是什么样的人。生活在市中心的单身人士越来越多，但这也意味着郊区大房子里的卧室越来越空。那里可能装满了一个人的童年回忆，但多数时候，房间里的灯都不曾打开过。在这样的房子里，单身的人，或孩子早已离家的夫妇，可能会思考自己还要在这里待多久，接下来应该去哪里。那些离婚的人，可能最终会住在离市区更近的地方。

---

[1] 本书创作于2017年。

单身人群集中生活在大城市的中心区域并不奇怪。那里有更多的一居室和单人公寓，吸引了社会经济状况较好的人，他们有独自生活的能力，希望住在离餐厅、娱乐场所更近且公共交通发达的地区。伦敦、巴黎、纽约曼哈顿、旧金山、斯德哥尔摩等地区的单人住房率最高，但类似的情况也在其他地方出现。2014年，中国有6600万单人家庭[10]。这一数字只占中国家庭总数的15%，但因为人口基数庞大，中国是世界上独居人口最多的国家。

今天，大约三亿单身人口揭示了一种全新的生活，而这种生活需要被讲述。

根据美国人口调查局的预测，美国单人家庭的数量稳步增长，2030年将达到4140万。德勤公司的经济预测师丹尼尔·巴克曼（Daniel Bachman）博士认为，当代美国社会的家庭状况与核心家庭的完美形象大相径庭。1960年至2014年，单人家庭的数量增长了近一倍，占全部家庭数量的27.7%，约3500万人[11]。近三分之一美国家庭的情况和我一样，甚至和你或你的家人、朋友的情况一样。从美国的数据来看，平均每个成年人单身的时间要比处于婚姻关系中的时间长。

在美国，大多数独居的人生活在曼哈顿、华盛顿等城市，在这些地方，多达三分之二的住宅里只有一个人。如果你和伴侣一起在这样的地方生活，你会发现你的邻居很可能是单身。没错，你被单身人群包围了。

英国的情况与之类似。英国公共政策研究所的研究表明，单人家庭数量的增长是英国社会几十年来发生的最重大的变化之一[12]。英国国家统计局的报告显示，2005年至2015年，英国单亲家庭的数量增长了18.6%[13]，这一增幅是前所未有的。2016年，28%的英国家庭中只有一个人，大多数家庭里有两个人，三口或三口以上的家庭则属于少数。虽然英国王室人丁兴旺，大多数普通家庭却呈现出另一番景象。

加拿大统计局在公布2016年的人口普查细节时宣称，在加拿大历史上，单人家庭首次成为占比最高的家庭类型。这一比例达28.2%，是自1867年加拿大联邦成立以来的最高值。在魁北克，超过三分之一的家庭只有一个人。统计数据还显示，无子女夫妇数量的增长速度高于有子女夫妇[14]。

虽然2016年澳大利亚的人口调查结果显示，典型的澳大利亚人是三十八岁、已婚且有两个孩子的女性[15]——而且名字是令人意想不到的"克莱尔"——数据里却反映出另一个很少被提及的事实。2016年，澳大利亚24%的家庭为单

第一章 谁才是正常的？ 015

人家庭，16%的家庭为单亲家庭，这就意味着至少40%的人可能是单身[16]，而且这些人里还不包括那些和朋友、家人生活在一起的单身人士。有意思的是，有孩子的家庭只占澳大利亚全部家庭数量的45%。这显然不是大多数——哪怕它被当作了典型代表。

和其他国家情况一样，在澳大利亚，结婚的人越来越少，离婚的人越来越多[17]。这也是单身人数增加的部分原因。然而，根据预测，这一数字还将持续增长。预计到2036年，单人家庭的数量将达到总数的65%，这意味着会增加约430万个单人家庭[18]。

这些数字揭示了在澳大利亚生活的新时代。澳大利亚统计局预测，无子女家庭的数量将最终超过有子女家庭的数量，这一情况最早可能在2023年出现。此外，单亲家庭的数量将增加70%[19]。这样的发展趋势，对许多人仍然认定的"典型澳大利亚人"的观念来说，无疑是一种挑战。

大洋彼岸

单人家庭及单身人口数量的增长不仅出现在西方发达国家。据估计，2020年，全球十大单人家庭国家中将有四个在亚洲[20]。在东亚一些经济较发达的国家，单人家庭的数量占比很高,日本达32%,韩国达23%。在阿联酋,三十岁以上女性的未婚比例从1995年的20%上升至2012年的60%,与此前相比出现了大幅增长[21]。

官方数据显示,2014年,中国有6600万个单人家庭,然而,在新加坡国立大学教授杨唯君(Wei-Jun Jean Yeung)看来,真实的数字更接近德国人口总数(8300万),且会在2050年达到1.32亿。大多数独居者是老年人,但也有越来越多中产阶级、未婚且单身的年轻人。2010年中国人口普查数据显示,在二十五至二十九岁的年轻人中,36%的男性和22%的女性未婚,这一比例是十年前的两倍。不仅如此,从2002年到2014年,中国的离婚率几乎翻了三倍[22]。截至2015年,中国的单身总人口接近两亿人[23]。

在印度,单身人士尤其是单身女性的数量也出现了明显的增长。单身女性的数量从2001年的5120万人增加到2011年的7140万人,增幅达39%[24],其中包括丧偶的女性、离婚的女性、未婚的女性及被丈夫抛弃的女性。从人口统计数据的变化来看,虽然仍远远早于西方国家,但印度女性的结婚年龄越来越晚。

一直以来,日本单身人士及单人家庭的数量都在增多。2010年,东京45.8%的家庭里仅有一人,且单身人数还将持续增加[25]。

显而易见，越来越多的成年人选择独自生活。虽然在谈到此类转变的原因时常提及人口老龄化，但其他人口结构上的变化也在共同产生着影响。例如，在整个亚洲，越来越多的年轻人选择独自生活、晚婚或不结婚，离婚率与区域流动性的增强也改变着人们对于人生优先事项及亲密关系的看法[26]。

属于自己的地方

研究人员表示，结婚率的持续下降是单身人口及单人家庭数量增长的关键原因。曾经，女性会为了经济保障结婚，男性会为了社会地位及规律的性生活结婚。而如今，女性拥有了自己的财富，在线上约会平台的帮助下，婚姻之外的性生活也更为自由。因此，虽然社会及宗教的影响依然很大，但与此前相比，年青一代的结婚动机发生了很大的转变。

一段时间以来，高离婚率及低再婚率同样令人瞩目。和年轻人一样，离婚的人也会受到相同因素的影响，他们有能力实现财务独立，或至少有足够的钱继续生活，因此，他们会探索不同的亲密关系形式，不一定非得选择同居或结婚。

单身人数的增加,也在一定程度上与其他变化有关,如经济发展状况、财富积累情况以及生活水平,尤其是老年人生活水平的提高。美国人口调查局人口统计学家罗斯·克赖德尔(Rose Kreider)的研究一再表明,美国人十分注重个人生活隐私,为了保障这种隐私,人们愿意投入更多的资金独自生活[27]。约瑟夫·夏米也指出,"越来越多的人会为个人隐私、个性自由及按照个人喜好生活的自由付费"[28]。

虽然和其他人一起住更便宜,但早在二十五岁左右,我就选择了独自生活。我很享受独居带来的独立性和私密性,这一点和我的很多朋友一样——值得注意的是,我的女性朋友们选择独居都是为了她们自己。

这反映了一种趋势。在澳大利亚的独居人口中,女性占了一半以上。不仅是老年女性,年轻的女性也会选择独自生活。与和他人一起生活的女性相比,她们往往受教育程度更高,收入更高,且更有可能成为专业人士[29]。曾经,女性梦想着拥有一间属于自己的房间,而现在很多人有了一个完整的、属于自己的家,有了会让其他女性嫉妒的自由。我住过一间屋里只有一个门(浴室门)的开放式复式公寓。我的妈妈第一次到那里看望我时,欣喜地环顾四周,说"我也想住在这样的地方"。这个安全、五脏俱全且离热闹的咖啡厅仅有一步之遥的空间,吸引了这位年近七十的女性,而在此之前,她一直生活在有多个卧室的大房子里。

20世纪70年代,许多家庭里都出现了"男性专用"的房间,但女性似乎并不需要这样的空间。不过,假以时日,她们也会得到补偿。专注于自己的事物,不必围着他人团团转,不用对任何人负责,这是很多家庭主妇的梦想。除了盼望着"退休",生活里似乎还有更多值得期待的事情。

通过对美国单身人群的广泛研究,艾里克·克里南伯格发现,对于个人来说,独居不一定是过渡阶段(如结婚前或离婚后)的选择,而是一种真正的生活方式。事实上,他认为整体而言,独居是"社会差异"的标志之一[30]。不独居的人很可能会羡慕独居的人,梦想着拥有同样的生活,或为最终实现独居而暗自计划。而对于很多人来说,他们已经实现了一个人生活。

全球转变

单人家庭数量的增长是具有广泛影响的重大全球人口转型[31]。针对独居者及非独居者的房屋设计与需求有很大不同。社区服务也应当在考虑范围内,尤其要照顾那些与亲属分开居住的老年人。从餐厅座位到假日住宿，从食品杂货供应到个人保险，单身人士都有独特的需求。

人们经常谈论孤独对一个人心理健康的影响。然而，芝加哥大学的心理学教授约翰·卡乔波（John Cacioppo）提醒我们，"孤独被定义为一种孤立感，而这并不是那些独自生活的人所独有的"[32]。即便身处人群，我们也会感到孤独，它会在我们毫无防备时出现，这种感觉尤其令人不安。事实上，没有人能够逃过孤独。

一些研究正在帮助我们理解针对单身生活和单身人士的消极刻板印象，但更多的实证研究必不可少，尤其当我们想要了解我们的子女或孙辈如何生活时——他们的生活方式很有可能会跟自己的父母不同。与此同时，我们应该明白，单身人口及独居比例的增加有许多积极的影响。克里南伯格提醒我们，"单身人士在振兴城市、活跃公共空间方面发挥着至关重要但并未得到重视的作用"，因为"比起已婚人士，他们更喜欢外出就餐、去健身房锻炼、上课、参加公共活动或参与志愿服务"[33]。此外，还有经济方面的益处，单身人士不仅通过自身的工作，还通过可自由支配的金钱推动着经济的发展。也许这些理由已经足够为单身人群摇旗呐喊，但请相信，单身生活的好处还有很多。

第一章 谁才是正常的？

被动的政府

然而，政府似乎并不鼓励单身生活。长期以来，调控人口一直被视为政府的职责之一，而政府似乎希望控制单身人数的增长。的确，这种人口结构上的转变挑战着人们对社区、家庭和社会长期持有的信念，政府一直不愿承认这种变化，更不用说为此制订计划了。但在某些情况下，他们会积极阻止这种趋势的蔓延。

阿联酋的政府发言人表示，近年来未婚女性数量的增长"十分令人担忧"。为此，阿联酋设立了婚姻基金会（Marriage Fund），为公民结婚提供经济支持。2015年，作为鼓励结婚补助的一部分，该基金会向阿联酋近400位新婚人士提供了1500万迪拉姆（约400万美元）的资助[34]。

美国也尝试通过"健康婚姻倡议"（Healthy Marriage Initiative）鼓励婚姻，提高结婚率。据估算，2014年，美国政府在该项目上投入了八亿美元，不过，美国国家家庭与婚姻研究中心的调查显示，这一举措对结婚率或离婚率均没有明显影响[35]。澳大利亚的新婚夫妇一度可获得由纳税人负担的200美元婚姻咨询券[36]，但由于离婚率并未因此降低，这一方案很快就被叫停了。

近期，中国的青年群团组织也宣布，希望帮助解决年轻人面临的"婚姻问题"。其中一项举措为"纠正"年轻人的婚姻态度，但这指的究竟是什么，却没有更详细的解释。虽然中国政府此前曾提倡晚婚，且以推行计划生育政策而闻名，但现在已有人提议降低法定结婚年龄，计划生育服务也转向鼓励生育。这一切都是为了尝试解决中国年轻人面临的"巨大难题"，协调爱情与婚姻[37]，消除一些人对结婚的顾虑。

在政府公布的官方数据中，我们始终能看到"独居家庭"（lone-person household）一词，这在很大程度上说明了人们对这一群体的看法。词组中的"孤独"（lone）意味着没有同伴，与"孤单"（lonely）仅有一步之遥。这会让我立刻联想到一匹狼，或许富有诗意，但并不讨人喜欢，而且绝不友好。"单人"（one person）这个词就没有这样的含义，但在我看来，用"独自生活"（solo living）一词更好。没错，这只是一件小事，但这一细微的变化或许会改变人们被社会接纳的方式，改变他们对自己以及对自己生活的看法。

新兴市场

虽然政府和社区服务机构还未能正确转移注意力,理解单身人数增加的事实及其产生的影响,一些商家却意识到了这一群体带来的商机。虽然单身人士的年龄和需求差异很大,但仍有一些共性存在。

2016年,全球最大的零售日不是圣诞节或节礼日(Boxing Day)前夕,而是由中国最大的线上零售平台阿里巴巴推出的光棍节"双十一"[1]。活动期间的销售总额达到233.9亿美元,前五分钟就突破了十亿美元大关[38]。这一做法非常明智,它将光棍节视为情人节的解药,单身的人理应给自己买一件礼物。如今,作为一年一度的盛事,"双十一"已经成为零售业的重要节点——一次最大的狂欢。

其他行业也意识到了这一不断扩张的市场的潜力。虽然旅游业在初期反应迟缓,但它现在意识到了这一新兴市场中至少有一部分有利可图,从以倡导年轻人社交而出名的Contiki式半自助旅行[2],转向了更为细分的无子女型及单身友好型旅行产品。当然,市面上也有约会网站和社交APP,

---

[1] 随着时间的推移,现在"双十一"已经不再是一个针对单身人士进行宣传的购物节了。
[2] 旅游公司,成立于1962年,专门替18到35岁的年轻人设计团体旅行。

但这就是另外一回事了。

然而，尽管敏锐的市场营销人员及大数据算法声称有能力预测我们的喜好，我仍然觉得根据单身人士的需求及兴趣定制的产品和服务太少。这一巨大的盲区很可能拥有极大的市场潜力。

单身人士应被视为重要的消费人群及慈善事业支持者，这不仅因为他们数量众多，也因为选择独自生活通常意味着可以自由支配金钱。有些女士会在穿上新裙子，或者晚上从车里偷偷取出购物袋时对她们的伴侣说"这件衣服真的很旧"，但单身的人就没有这样的困扰——他们的钱都是自己的，想存起来或者花出去，完全看自己的心情。哪些商家或慈善机构会说自己不想从中分一杯羹呢？

"正常"的成年生活

社会中普遍存在着一种关于"正常"人生轨迹的强烈认知。它由政府宣传,在广告和流行文化中被美化,规划着我们从幼儿期一直到退休的生活。这一规范包括结婚、生子以及夫妻共同享受退休生活。贝拉·德保罗将这种现象称为"当代生活的墙纸"[39]。

根据定义,"成年人"指完全成熟的人,而成年生活意味着独立、自给自足、敢于担当。当然,可能有人会说相当一部分成年人并不是这样,但事实是,不管我们是否愿意、是否已经准备好,我们都会被不由自主地推入成年期。一般来说,成年期包括不同的阶段,不再和父母同住往往和结婚同时发生,然后就会为人父母,为了照顾孩子,(之前可能并不存在的)责任感突然就变成了必需的东西。然而,近年来,我们发现成年期中出现了新的阶段。例如,整个西方世界中普遍存在的一个现象是年轻人和父母住在一起的时间变长了[40]。他们会推迟那个代表成年的自立节点。

成年人的行为也发生了改变。无论是穿着还是兴趣爱好，他们都不愿被打上"保守"的标签。他们会穿着自己孩子喜欢的运动鞋，时隔多年重新拥抱潮流或迎接潮流的回归（想想复古的宽松农妇衫和法兰绒衬衫）。一家人会穿着亲子装，妈妈和女儿、爸爸和儿子的服装几乎相同，只是尺寸略有差异。还有一些"半成年人"（kidults），他们虽然已经长大，但喜欢的还是传统意义上更适合孩子玩的东西，比如滑板。在纽约，成年人爬上屋顶，高举手臂，有节奏地摇晃身体，转着童年时期怀旧的闪光呼啦圈，他们将其称为锻炼。

长期以来，人们用各种不同的方式庆祝成年，如犹太教的成人礼（分为女孩成人礼bat mitzvah和男孩成人礼bar mitzvah）、日本的成人式、中国儒家的笄礼和冠礼。这些传统标志着明显的身体变化，进入青春期也就自然而然走上了成年之路。在西方文化中，对"花季十六岁"及二十一岁生日的庆祝很常见，它们都曾被视为前成年期或即将进入成年期的标志。然而，更多的时候，这些场合只是庆祝，与提升责任感、自立性甚至成熟度无关。与此同时，传统意义上真正代表成年的里程碑事件，如步入职场、不再和父母同住、结婚、生子等，却一再被推迟，甚至根本不会发生。

2017年，美国人口调查局发布了《美国年轻人经济生活变迁报告：1975—2016》，明确了现代成年期的概念，对20世纪70年代的概念进行了调整。在当代社会，教育及经济方面的成就被视为成年生活中极其重要的里程碑，而是否结婚、是否生子则排在比较靠后的位置。这代表着与之前的几代人相比，人们的观念有了很大的转变[41]。

尽管出现了这些变化，人们对成年这一概念的表述仍受到婚姻及生儿育女等传统观念的主导。与这些观念不符的人会遭受社会孤立及舆论压力，而这些会影响他们对自己生活的判断。流行文化、广告宣传及社会舆论也在不断强化这种传统的成年观念，导致了关于结婚生子的社会压力。

童话故事

对浪漫的期待很早就植根在我们的脑海里，可能需要一生的时间才能将其拔除。童年时期，我们看到的文学作品和电影作品都在讲述公主和王子的经典童话故事：王子"拯救"了公主，他们从此过上了幸福的生活。尽管童话故事出于幻想，本身就有牵强的部分，但有情人终成眷属及一生幸福的原则却始终没有改变，它为小女孩、小男孩编织了一个梦境，其影响一直持续到成年。在一个生活不断被展示出来的攀比型社会中，人们无疑抱有很高的期待——即便有些时候，童话背后的真相并不总是美好的。

广告

20世纪50年代以来，从经典的广告招牌和商品目录，到现代电影及社交媒体上的广告植入，广告越来越深入地影响着我们的生活。基于你的个人信息，广告能够迅速判定你的需求、你期待的生活方式，不过，不要指望着任何年龄段的单身男女成为广告中普遍存在的英雄式人物。他们很少出现。相信我，我看了很多广告。

通过数据分析及广告直觉，婚礼广告主打线上人群。使用"#婚礼"标签或在搜索引擎中输入"结婚礼物"，你就很有可能会被婚纱、婚礼场地选择等各类事宜的广告轰炸。女性抱怨那些有关生育治疗的广告，这些广告宣称，哪怕只有二十多岁，你也应该考虑冻卵。在Instagram[1]上，这类广告出现时搭配着可爱的emoji符号和漂亮的粉色背景，与现

---

[1] 一款免费提供在线图片及视频分享的社群应用软件。

实中手术室的无菌环境相去甚远[42]。对于三四十岁的女性来说，试管婴儿广告就像这种技术本身一样有伤害性，而这就是这一行业出于误导性和侵略性而受到公开批评的原因[43]。

如果你在大数据中显示为单身，线上交友广告也会迅速向你允诺一个理想的伴侣，好让你继续过自己向往的生活。如果你觉得从此有了永不孤单的保证，也是可以理解的。毕竟，描绘梦想的真实图景是许多产品及服务的商业模式之一，只不过，线上交友广告描绘的不只是短暂的体验，而是整个人生。

有关退休生活的广告通常以夫妻为主角，但事实上，很多人会在退休后的某段时间（即便不是全部时间）里独自生活[44]。女性一般比男性长寿，因此可以肯定的是，很多女性会在退休后独自生活，这时，如果她看到自己需要的产品和服务的广告时，会发现自己缺少的恰好是广告里的那个丈夫。

一些大品牌正在转变思路，将目标对准年轻的单身女性——一群热情的消费者，花钱大手大脚；但另一些品牌在这方面行动迟缓。尽管吸引了年轻人和时尚人士，广告业似乎和其他传统行业没有本质上的区别。这是一个奇怪的悖论。显然，广告业延续了一种观念，即正常的成年生活应当包含从一而终且持续一生的婚姻。这究竟是因为广告商反应迟缓，还是在内心深处，他们认为我们真的愿意结婚？

友好的压力

长成大人，意味着你要去恋爱、结婚、生子。在一个人的家庭和社交圈中，这种压力有时很微妙，有时很强烈，有时甚至带有攻击性。

一些单身人士会发现家人和朋友格外关注自己，想知道自己最近怎么样，想了解自己的生活。在各种奇怪的场合下，总有人提到想给你介绍一个"不错的人"。对于那些想结婚的人来说，这样的介绍或许是一个完美的开始。但也有一些人觉得自己在被迫应付这类家庭聚会和社交活动，而非期待。他们总会被问"你怎么还是单身"，就好像他们的生活出了什么问题。他们会尽量避免让自己陷入窘境，一般会选择逗逗孩子（只能让他们自己显得更像孩子），或去厨房里帮忙（而这又会让人质疑他们的社交能力）。如果他们说自己工作很忙，又会让人觉得工作抢占了位置，寻找伴侣才是首要任务。

并不只是几个事不关己的亲戚会警告"如果你想要孩

子,最好找个伴儿,否则你就要被剩下了",父母、已经结婚的朋友甚至其他单身的朋友,也会不断提醒你。如果单身的男士不满足于当个单身汉,和多位女性约会,就有可能被指责为"处处留情""拈花惹草"。总会有人对他说"定下来吧",而那种口气,就好像在对孩子说话。

听到我还单身时,一个朋友惊讶地说:"可你这么漂亮,怎么会被剩下呢!"她传递出一种带着称赞的侮辱,其中也暗含某种假设:我的处境并非出于自主选择,而是男人导致我不得不这样。如果我很丑,是不是就能解释这一切了呢?我忍住了想说的话,毕竟,当时我们在有格调的酒吧屋顶露台上喝下午茶。就像周围那些时髦的顾客一样,我选择一笑置之。然而,我很清楚,有些人始终无法理解单身也是一种很好的生活,而且有人愿意选择这种生活。

年纪大一些的单身人士,尤其是因离婚而重回单身状态的人,总会遭到社会的排斥与孤立。他们很少被邀请参加晚餐聚会,究其原因,要么是怕他们打破座位安排的微妙平衡,要么是担心他们成为潜在的猎食者,与其他人的伴侣产生私情。丧偶的人也面临同样的境遇,一开始他们还会得到同情,被邀请参加聚会,但很快,他们就会发现自己被遗忘了。此类社交排斥可能很极端。在印度,一位失去丈夫的女士很可能无法参加自己孩子的婚礼，因为她的出现被认为是不吉利的[45]。另外，如果单身人士再婚，就会发现朋友在自己宣布有了新伴侣时很兴奋，而其中很重要的原因是"我们可以一起出去吃晚饭，好好享受一下周末了"。邀请来得如此突然，不禁让人怀疑这些人之前都在哪里。

这一现象不仅限于异性恋群体。女同性恋者、男同性恋者、双性恋者、跨性别者、对性别认同感到疑惑的人及双性者（以上人群简称为LGBTQI），也会面临因婚姻或稳定恋爱关系而出现的来自家庭内部的压力。这是非常残酷的事，尤其在一些地方，同性恋婚姻并没有得到法律的认可。当孩子宣布自己是LGBTQI群体中的一员时，一些父母总会有失落感，他们通常关注的都是喜欢异性、已结婚生子的"正常"成年生活。对孩子来说，父母的失望是很沉重的负担，他们单身时更是如此。

澳大利亚喜剧演员、电影制作人丹·伊利克（Dan Ilic）曾发布了一条关于单身人士和家庭照片的推特，看到这条在网上疯传的推特时，我笑了。图片里是他父母家的壁炉架，上面摆着伊利克三个兄弟姐妹的结婚照和他自己的单人照，配文是"每次我去爸妈家，都要面对这种充满敌意的摆放"。很快,其他人纷纷加入了吐槽。一位单身女性晒出一整面照片墙,上面是她三个兄弟姐妹的结婚照,还有一张她自己和狗的合照。其他人的情况更惨,比如一位单身男士的父母宁可摆一张野马的图片,也不摆自己儿子的照片。而另一些人的家里甚至没有照片,只有一个闲置的挂钩。

虽然这类故事有搞笑的一面,但因单身带来的羞愧感及由此引发的社会孤立并不是一件小事。科学研究证实了我们的直觉:被排斥的痛苦是深刻而持久的,它会渗透到生活的方方面面,塑造我们对自己以及人生道路的看法[46]。

即便心有不甘,有些人会屈服于压力,最终选择和某个人安定下来。人们常对女性说,找个"差不多"的人就可以了。但如果她们想要更多呢?如果她们对自己目前的生活很满意呢?我们在生活的其他方面坚持高标准,鼓励孩子坚持自己的价值观,那么,为什么只是想要拥有一段自己满意的亲密关系就会被视为挑剔或不切实际呢?很多人的例子都可以证明,"差不多"其实差很多。我当然希望我自己和我的女儿能够得到更好的。

美好期待

有时,单身的人会怀疑自己或自己的生活是不是出了什么问题,这一点并不奇怪。毕竟,有关婚姻的美好幻想早在童年时期就已确立,且随着年龄的增长,它会再次得到确认。

二十八九岁时,我独自一人住在悉尼的海滨郊区,我清楚地记得,自己有一种当时只能用"乡愁"来形容的感觉。我曾试着向朋友解释,我本以为自己到这个年纪会结婚生子,但事实上并没有,对于这种想象中的生活,我会产生类似乡愁的情结。多年后,我知道了一个德语单词"fernweh",它在英语中没有明确对应的词汇。这个词描述了一种对自己从未抵达之地的强烈渴望,是一种对其他事物、其他地点、其他人的莫名向往。

特别是在周日晚上,这种渴求会变得格外强烈。透过窗户,我能看到人们的家庭生活——公园里的野餐、日落时在海滩上奔跑的孩子、慵懒地躺在毯子上的夫妻。所有这些,都会唤起我的"乡愁"。那时,我一味地渴求摆脱单身生活,但回想起来,那时的单身生活很美好:有时兴奋,有时愉悦,有时悲伤,只有在极少数的情况下,我才会感到孤独。

领导者的特质

纵观历史，社会上最引人注目的领导者，或至少是那些最有权力、最有影响力的人，都是政治家。说到全球196个国家的领导人时，大多数人很难一下子想到哪怕一位现任或前任的元首是单身。

在美国的四十五任总统中，只有两位在当选时处于单身状态，而在英国的七十五任首相中，只有四位没有结婚或没有明确伴侣。直到2012年，法国才迎来了历史上首位未婚的总统——但他也有伴侣和孩子。澳大利亚从未有过单身元首，只有一位是未婚，但也有伴侣。

尽管国家元首中有一些是单身人士，但他们的数量远远不及那些已婚且有孩子的领导者。和政界的情况一样，一般而言，大企业的领导者也是已婚人士。

理想的领导者

长久以来，管理界一直试图定义理想的领导者品质。权威、正直、自信、承担都是成功的领导者需要（即便不是必备）的品质。心理学领域的研究表明，除了能力，情商也至关重要。不少人会谈到定义比较模糊的"气场"，也有人提到"领导天赋"及"领导力"的概念。

在政治领域，理想的领袖形象显然包括了结婚生子。政治战略家及智囊团顾问一直在强调以家庭为单位的选民的重要性，希望表现出和他们同处一个阵营。长期以来，相比单身候选人，已婚候选人更有可能赢得更高的职位[47]。结婚生子会让一个人显得更容易接近，也被视为稳定和值得信赖的标志。

加拿大第二十三任总理贾斯廷·特鲁多（Justin Trudeau）已婚且有三个孩子，显然符合传统西方政治领袖的标准。2015年，特鲁多还在担任自由党领袖时，*Hello*！杂志的专题报道就刊登了特鲁多和家人在家中"温馨的混乱"里拍摄的照片[48]，甚至有头条提到他对"政治剧本"的完美掌控[49]。《时代周刊》的官网上有一个奥巴马家庭相册的专题，第一张照片拍摄于2016年，时任参议员的巴拉克·奥巴马在芝加哥海德公园的家中，和妻子及两个孩子一起站在厨房里[50]。《时代周刊》称，前第一家庭"迷住"了他们的支持者。

英国政治作家、评论员尼克·琼斯（Nick Jones）解释了家庭居家场景出现在大众面前时所具有的"威力"。"电视媒体想要那些政治家在家里的日常镜头，而厨房采访就成了展现他们居家一面的核心。"他继续说道，"我们看到托尼·布莱尔在家里煮咖啡，戴维·卡梅伦在做饭，而孩子们围坐在一起写作业，这些都是令人安心的画面。"[51]这不禁让人好奇，一位单身人士要如何证明自己也有"居家"的一面。

1996年，戈登·布朗（Gordon Brown）当选英国工党财政大臣时，有人问他为什么在四十六岁时还没有结婚、没有成为父亲。他被直接问道："人们想知道你是不是同性恋，或你的性格有什么缺陷？"当他在2000年结婚时，报道的大标题写着，"飞侠戈登终于安家"[52]。这种认为布朗有所隐藏、他自身有问题或他处处留情的暗示，其实是贴在单身人士身上的共同标签。在他结婚前，也就是成为首相的七年前，布朗只是一个局外人——国家元首职位上很少出现单身人士，现在也是如此。这一点，只要看看G20峰会中需要携伴侣出席的晚宴就可以得知。在面向二十个主要经济体政府及中央银行行长的国际论坛上设有这样一场晚宴，就足以说明这些领导人的个人生活。

英国政治评论员、市场研究公司舆观前任总裁彼得·克尔纳（Peter Kelner）认为，在选民眼中，领导者是否为人父母并不重要[53]，"并没有明确的调查结果证明这一点……我不认为这有什么差别"。然而，或许一位政治家是否结婚无关紧要，但要想被视为称职的候选人，仍需要认同结婚生子的理念或真正付诸实践。其结果就是，虽然单身的选民数量不断增加，他们却很少能在自己选出的代表身上看到自己或自己的生活，而这显然不是所有政治策略的最佳结果。

2016年，英国保守党领袖候选人安德烈娅·利德索姆（Andrea Leadsom）声称，"成为母亲，意味着你和我们国家的未来有了一种真实的联结、一种切实的利害关系"，这暴露了一种或许十分普遍的思维方式[54]。利德索姆的声明有意无意地暗示，那些没有孩子的人——比如，利德索姆的竞争对手特雷莎·梅（Theresa May，不久后成为英国首相）——对未来并没有那么关心，正因如此，他们并不是理想的领导者，因为领导力意味着决策未来。

在澳大利亚，当单身女性格拉迪斯·贝姬莲（Gladys

Berejiklian）于2017年1月当选为新南威尔士州州长时，一位女记者问道："一个显而易见的问题是，你是否认为这（单身）是一种政治劣势？因为人们有孩子、有家庭，这也是被认同的标准。"事实上，有人会说这并不是什么显而易见的问题。越来越多的人认为，这种质疑无足轻重，尤其大多数的选民都和贝姬莲一样是单身。贝姬莲反复强调自己最亲近的人就是家人。她的情况实际上反映了相当一部分成年人的状态，而这一点从未被提及，更不用说被宣传了。再往前六年，塔斯马尼亚州首位女性州长莱拉·吉丁斯（Lara Giddings）——一位单身女性，也遭遇了类似的猜测，人们认为她的生活中"缺失"了一些什么。吉丁斯任职后，一家全国性的报纸头条写道，"左派人士莱拉·吉丁斯仍在寻找真命天子"[55]。

2010年，朱莉娅·吉拉德（Julia Gillard）成为澳大利亚首位女总理时，澳大利亚的媒体和政治评论员已经在讨论未婚女性从政的问题。吉拉德未婚、没有孩子，虽然有伴侣，但她一直因此前在家中接受采访时被曝光的照片——"没有生活气息的厨房"和空空的果盘[56]——遭到外界批评。在人们眼中，她的厨房和果盘反映的是没有孩子的人的生活，而非职场专业人士的生活。这个结论，无论是从个人生活层面还是从政治层面来说，都是致命的。

看到吉拉德的空果盘后，我也开始留意自己的果盘。你能从我的果盘里读到的生活信息差别很大：有时里面装满了当季水果，虽然我很少能把色彩多样的水果吃完；有时果盘里什么都没有，就和吉拉德的一样。我也开始注意别人，比如我姐姐家的果盘。她有丈夫、三个孩子、一条狗、两只猫，甚至还有鸡。她的果盘里装满东西时，总是品种多样，令人印象深刻。但有时，我也会发现里面的水果正在腐烂，就像我家里的一样。而且，她的果盘有时也是空的。

正如我们后来所知，事实上，吉拉德当天刚刚出差回来，就像其他忙碌的职场人一样，她可能已经在飞机餐或酒店自助餐中吃了水果，只要当天的水果摄入量够了就好。

曾被誉为"世界上最有权力的女人"[57]的美国前国务卿康多莉扎·赖斯（Condoleezza Rice），于2011年接受CNN主持人皮尔斯·摩根（Piers Morgan）采访时被问到，"你还抱有希望吗"，"你梦想过童话般的婚礼吗"。摩根还问道："你觉得自己是个难相处的人吗？"就好像这样可以解释一些事情似的[58]。

为什么媒体始终认为结婚生子对公众来说如此重要？毫无疑问，有一些人非常看重这点，但并非所有人都如此，他们也会单身或不要孩子。与其追问那些单身的领导者是否重视家庭生活，不如问一问那些已有家室的领导者是否了解单身人士及独居人士的生活。政治剧本显然需要更新。

婚姻溢价

在商界，领导力同样至关重要。尽管商界领袖不需要联络选民，也不需要赢得他们的信任，但他们的能力及所取得的成绩，仍会因"气场"和"风度"这两个模糊的概念受到影响。人才创新中心（Center for Talent Innovation）总裁、《存在感：被赏识的艺术》（*Executive Presence: the Missing Link between Merit and Success*）的作者西尔维娅·安·休利特（Sylvia Ann Hewlett）十分强调被人视为拥有"领导天赋"的重要性[59]。作为一名前职业律师，每当看到"领导天赋"或"文化适应性"等词语时，我都会很气愤。它们指的是一种无法被描述的品质，很可能暗含歧视或偏见，死守着那些被保护的、根深蒂固的规矩。

Facebook首席运营官、畅销书《向前一步》（*Lean In*）的作者谢丽尔·桑德伯格（Sheryl Sandberg）致力于推动女性在商界领袖中的地位，但或许她在宣称"大多数更成功的商界女性领导者都拥有伴侣"时，也在无意中流露出了一种婚姻偏见。她还说道："曾在《财富》杂志评选的世界500强公司中任总裁的共有二十八位女性，其中二十六位已婚，一位离异，只有一位从未结过婚。"[60]这还只是女性。而人们都不需要飞快地引用数据，就能知道在商业舞台上拥有绝对主导地位的是已婚男性。

我的一个朋友在得到商业杂志编辑的工作后，想的是"这下好了！我有机会认识单身的成功男士了"。离婚后，她重回婚恋市场，但很快，她就意识到根本没有什么"市场"。她采访过或为其写过特稿的几乎所有高管都已结婚。《财富》杂志2015年刊登的《四位单身总裁泼冷水：事业与婚姻并无关联》一文恰好说明了这一点[61]。这四位总裁——注意，《财富》杂志只找到了四位——都来自创业公司，不属于大众眼中的传统公司，而且到2017年时，四位中已有两位不再担任总裁。

这不仅是职位和头衔的问题，还与薪酬有关。这种现象被称为"婚姻工资溢价效应"，即已婚男性的平均收入高于单身男性。作家、华盛顿伦理及公共政策中心的研究员帕斯卡尔-伊曼纽尔·戈布里（Pascal-Emmanuel Gobry）指出，这种薪资上的差异并没有得到经济学家、社会学家甚至企业的太多关注。戈布里表示，"经济学家并不赞成颂扬

第一章 谁才是正常的？ 043

婚姻或支持鼓励婚姻的公共政策"[62]。他的观点在一定程度上解释了为何针对这一问题的研究文献如此之少：经济学家担心自己的研究会传递出相关信息。

对于婚姻状况与薪资水平差异的关联，有一些显而易见的解释。如果家庭分工明确，夫妻中的其中一方可以专注于工作。在这一理论前提下，因责任感驱使，担负起支撑家庭重担的一方会更有效率地工作，收入水平自然也更高。另有一些解释与选择有关，即收入更高的人更有吸引力，因此更有可能吸引伴侣。但显然，这些说法并没有就踏实能干的单身者收入更低给出一个令人信服的解释。

美国范德堡大学法学院的经济学家乔尼·赫尔施（Joni Hersch）和美国弗吉尼亚联邦大学经济学教授莱斯莉·斯特拉顿（Leslie Stratton）的研究提到了对已婚人士的偏爱[63]。然而，我搜索到的更多信息证实了戈布里的说法，即婚姻工资溢价现象通常会被经济学家及学界忽视，而且，虽然人们并不能完全解释其成因，这种现象却始终存在。

如果你仔细想想，就会发现还有一些迹象表明职场上针对单身人士的偏见。例如，高管们时常在标准工作时间之外参与一定程度的社交活动，如晚餐或旅行。在这样的活动中，有丈夫或妻子陪伴，会让许多人觉得角色感更强，甚至自觉拥有领导才能。我有一位曾在全球知名大公司里工作的朋友记得，有一次，公司老板感谢员工的妻子或丈夫，说因为他们，自己的员工才得以"保持理智"。这位老板似乎没有意识到，他的感谢意味着那些没有妻子或丈夫的人可能都是"疯子"。

我也听过日常生活中的其他例子。一家大型会计师事务所的合伙人在工作场合提到自己相恋多年的男友时，会把他说成丈夫；某位商界高管也会隐瞒自己离婚的消息，担心它危及自己向大使角色的转换。这些例子都表明，大家心里很清楚一个商业领袖的生活应该是什么样子的，他的人设应该如何。目前来看，这种人设与个人婚姻状况紧密相连。但我相信，在未来，情况会有所转变。

再正常不过

在追求性别平等的过程中，很重要的一点是让年轻女性意识到女性也可以在社会中掌控权力。女性领导者向这些女孩展示了她们未来的可能性，激励她们树立目标，学会自强、上进。同样的道理也适用于单身人士。单身领导者的数量如此之少，会让单身者质疑自己是否真的有可能在政界找到一席之地或在商界平步青云。他们可能觉得自己不够"成熟"、不够"正常",甚至更糟糕,觉得自己出了什么问题。虽然事实上,单身没有任何问题,但这种感觉可能会一直持续下去。

第二章

重估独立

男尊女卑观点最糟糕的一点
在于她们真的相信自己不如别人。

女权主义忘记单身女性了吗？

寻求自我之声

我在一个女性占多数的家庭里长大：两个姐姐、一个哥哥，还有我们的父母。父母希望我们都能出人头地，对待哥哥和几个女孩从来是一视同仁。我从来没有觉得因为自己是女孩，有哪些事情不能做——当然，除了显而易见的生理条件的限制。在我小的时候（现在也是如此），我的母亲一直反对针对女性的偏见，她从不会为了保持礼貌，放过任何冒犯或带有贬低意味的话。不管怎样，对我来说，我的生活似乎和我哥哥的生活一样顺利。因此，虽然我知道女权主义的存在，它对我来说却无关痛痒。后来，我成为一名职业律师，看到了男性与女性在诸多方面，尤其是在薪资水平上的不平等，我才幡然醒悟。我越来越觉得有必要像母亲一样大声地表达诉求。

现在回想起母亲不愿妥协的坚决,我感到由衷的钦佩。我不知道那时有多少女人和她一样,会在餐桌上表达自己的观点。她们的孩子或许也是在很久之后,才意识到自己的母亲当时说了什么,但在我看来,知道得晚总比不知道要好。我很感激母亲的坚持,如今,我接过了接力棒。我也很想知道以后我的女儿会如何看我。

向前一步

作为一名单身女性,我对女权主义总有一些紧张。单身女性,尤其是像我一样受过良好教育、经济独立的单身女性,无疑是女权运动成就的受益者。我们可以旅行、独立社交、随心所欲地消费,买属于自己的房子。这种经济上的自由,让我们无须因为财政压力而结婚或找个伴侣。但在今天,一部分女性可以争取同酬的权利,另一部分女性则要被迫结婚。或许,正是这种全球范围内最令人震惊的女性生活对比,能让单身女性聊以自慰。在我看来,她们之所以对女权主义不闻不问,是因为自己过得比那些女性要好,虽然也并不符合"规范"。

2013年,谢丽尔·桑德伯格出版《向前一步》,由此引发了"向前一步"的热潮,而我直到三年后才读到这本书。当时我正在准备一个关于女性领导者的演讲,朋友向我推荐了这本书,说哪怕过去了三年,这本书依旧重要。我的母亲第一次问我"向前一步是什么意思"时,我承认,要给它下个定义并不容易。它似乎意指女性主动争取机会。这本书卖出二百余万册,一跃成为国际畅销书。奥普拉·温弗瑞(Oprah Winfrey)称桑德伯格是先锋性女权主义的新代言人,《福布斯》杂志也将她列为全球最具影响力的女性之一。与此同时,桑德伯格入选《时代》杂志评选出的全球最具影响力的百位领袖。很快,全球各地的董事会、书店和校园里挤满了渴望听到桑德伯格式"解决方案"的人。这本书甚至催生了一个基金会,该基金会提供资源及培训,"赋予女性力量,使其充分发挥潜能"。

然而,当我终于有时间翻开《向前一步》时,我惊讶地发现献词页上写着:

> 献给养育我的父母,是他们让我相信一切皆有可能
> 献给我的丈夫,是他让一切变成可能[64]

作为一个没有丈夫的人,看到其中一章的标题是"让你

的另一半成为你真正的人生搭档",我很好奇单身女性读者如何看待自己"向前一步"的机会。如果你对比一下桑德伯格的献词和安妮·萨默斯(Anne Summers)在《该死的娼妓与上帝的警察》(Damned Whores and God's Police)中写的献词,就会觉得很有意思。后者被视为最优秀的女权主义文学代表作,其献词非常简单——"献给我的母亲"。

在《向前一步》中,作者几乎没有写到女性没有或并不想要伴侣。事实上,我发现书中很少提到单身女性,尽管这一群体毫无疑问是桑德伯格读者群的重要组成部分,就像她们也是职场的重要组成部分一样。书中提到单身母亲时写道,"身处职场的单身母亲,处境更为艰难"。作者继续写道,"没有孩子的人也会过劳,甚至程度更甚"。很明显,公开表示自己正在寻找"合适"伴侣的桑德伯格,并不完全了解单身生活。不过,单身女性也没有完全被她遗忘,在桑德伯格看来,没有伴侣对她们来说并不是一件好事。

很快,我就注意到了自己与桑德伯格之间的巨大差异。我出生于20世纪70年代末,桑德伯格出生于60年代末。她谈到,看到朋友一旦结婚生子就离开职场,她感到很失望。这或许和我在得知朋友们开始结婚时的惊讶类似。我们接受教育、步入职场、积累财富,难道一定要结婚吗?不是还有家庭不幸的风险吗？难道我们没有听到母亲倾吐心声，没有看到她们在家里承受着不公平的劳动分工吗？

2000年，我在一篇为《悉尼先驱晨报》撰写的文章中，谈到我们这一代女性的出身（个人独立）与归宿（结婚）之间的紧张关系[65]。作为一名年轻作家，我很高兴这篇文章激起了人们的讨论。然而，我在接受一位当时臭名昭著的电台节目主持人的采访时，很快就感受到了他的愤怒。他口无遮拦地将我们这一代人称为伪君子，认为如果我们和男朋友住在一起，就根本不配结婚。不夸张地说，我大吃一惊。但我很快意识到，评估女性的生活和个体选择，还有很长一段路要走。

2016年，桑德伯格的态度有所转变，她承认自己在《向前一步》中并没有意识到单身母亲可能遇到的困难。这样的转变源于一次毁灭性的打击。一年前，桑德伯格的丈夫戴夫·戈德伯格（Dave Goldberg）意外去世，她突然发现自己变成了两个孩子的单身母亲。《时代》杂志《死后余生》一文写道，成为单身母亲，哪怕是财力充裕的单身母亲，对于桑德伯格来说都是一种打击，她开始被迫反思《向前一步》中的某些内容："重看'让你的另一半成为你真正的人生搭档'一章时，我意识到其中暗含一个陈旧的假设,即假设你拥有伴侣。"[66]桑德伯格与安德鲁·格兰特(Andrew Grant)合著的新书《另一种选择:直面逆境,培养复原力,重拾快乐》(*Option B: Facing Adversity, Building Resilience , and Finding Joy*)就着眼于在有复原力的家庭中培养坚毅的孩子。

在很多女性写作中,假定父母两人同时存在是很普遍的。在线上平台"妈咪博客"(mummy blogging)上,这一点尤其突出。很明显,在这些网站上,父母共同抚养孩子是一种常态。妈妈们会交流如何应对丈夫不在的情况,却很少意识到有些女性一直是独自抚养孩子。和桑德伯格的《向前一步》以及许多针对妈妈群体的知名博客、网站一样,我从不觉得它们在跟我说话。我自己也进行了这方面的写作尝试,并且充分意识到,单身母亲的视角只是为了方便对比,并非真正关心读者。

有些单身女性或许会在已婚已育的女性面前自愧不如。关于这一点,19世纪妇女运动的领军人物、美国妇女参政论者伊丽莎白·斯坦顿(Elizabeth Stanton)有着精准的观察。在她看来,男尊女卑观点最糟糕的一点在于她们真的相信自己不如别人[67]。

单身女性被女权主义遗忘了吗？

长久以来，有人声称女权主义忽略了单身女性。最初听到这种说法时，我深以为然。和单身的女性朋友提起时，她们会说："没错！我就是被忽略了！"于是，我开始反思女权主义的历史，用单身女性的不同视角重新审视那些经典的女权主义文本。很快，我就发现这种论断并不成立。女权主义的定义及女权运动的指导方针都是赋予女性价值，而这意味着不管女性结婚与否，都应该得到重视。至于某些倡议没有考虑到单身女性，这是其他女性群体也可以抱怨的。

可能有人会说，正是女权主义造就了我们今天看到的如此多的单身女性。这可以被视为一项壮举，因为单身女性是最大的受益者。毫无疑问，她们过得比过去和现在的很多女性都要好。但她们得到重视了吗？

如果这种曾经出现在想象中且现在存在的生活有更深刻的社会含义，只是这种含义还未被人正确理解呢？单身女性或许拥有外在的财富和平等地位，但她们也在遭受质疑和排挤，从这一点来看，我们并不能说她们的生活得到了应有的重视。

单身的代价

越来越多的研究表明,单身足以影响收入水平。我们早就知道,单身男性的收入比已婚男性的收入低,但很少有人分析女性婚姻状况(如单身)对收入的影响,更多人关注的是生育对收入的影响。然而,我们都清楚,不管女性是否有孩子,她们与男性间的性别收入差距是存在的。

我把关于单身人士被歧视的研究告诉了一个朋友,一周后,她对我说:"你知道吗?我现在明白了。我们公司的领导层里有位单身女性,她是唯一没有结婚的人,人们对待她的态度也不同,好像她不够成熟似的。绝对不同。"我的朋友之前并没有注意,但突然间,她明白了一切。这种不同的对待方式可能产生的连锁效应是显而易见的。

在分析薪酬平等问题时,不管是未婚还是已婚,人们的婚姻状态都是需要被考虑的。我们应该有意识地抛开那些因婚姻及养育孩子重任而带来的成见。对很多人来说，结婚生子是既定的事实，但对更多人来说，它们甚至都不是未来可能会出现的画面。

家务之战

长期以来，在我们的社会中，女性承担了大部分无偿的工作，这一点也让很多人越来越失望。总体来看，她们不仅是照顾孩子和老人的主力，还承担了大量家务。人口普查数据反复证明了这一点，但对于那些作为所谓"活生生的例子"的女性来说，这反而稀松平常。当她们鼓起勇气去接受这样的生活时，并没有想过自己还可以过问这一切。

在澳大利亚、英国和美国，关于男性应该将更多精力放在家庭生活上的辩论已经遍及全国。人们一般将其称为"家务之战"。这场"战争"已经成为权威新闻节目讨论的话题，精英女性也通过纸笔批判这一问题，安娜贝尔·克拉布（Annabel Crabb）所著的《妻子紧缺：为何女性需要妻子，男性需要生活》（*The Wife Drought: Why Women Need Wives, and Men Need Lives*）就是其中一个例子。类似的讨论受到了婴儿潮一代[1]、X一代[2]早期出生的女性及已婚女性的称赞。她们似乎已经受够了,只不过暂时还没有让脏衣服堆成一团或对灰尘置之不理。

然而,在这场辩论中,我们似乎没有听到那些只能自己做家务的单身人士的声音。但任何希望家务之战能够休战的人都应该听听他们的想法。研究表明,由单身母亲带大的男性会承担更多的家务。他们的母亲希望孩子有所承担,这不仅出于自己的需要,也因为她们有意识地想让孩子成为更好的伴侣[68]。对整个社会来说,这无疑是巨大的贡献。

单身人士似乎也会成为热心的志愿者和看护者。2015年,美国劳工统计局一项针对志愿服务的分析显示,在十项志愿服务中的九项里,单身人士提供志愿服务的比例都超过了已婚人士[69]。澳大利亚近期的数据也显示,单身人士在志愿活动中做出了巨大的贡献。超过45%的志愿者是单身,他们从没有结过婚,也没有经历过离婚、分居或丧偶[70]。这其实是一个相当大的比例,因为许多人也没有孩子,而那些核心家庭中的父母,很可能会参与和自己孩子有关的志愿服务。

---

[1] 婴儿潮一代指第二次世界大战后,即1946年至1964年出生的人。
[2] X一代指20世纪60年代中期至70年代末出生的一代人。

单身志愿者联合会（Single Volunteer Meetup Groups）通过组织志愿活动将人们联系在一起，在世界各地有成千上万的会员[71]。研究还发现，相比已婚人士，单身人士会更关心并支持朋友、邻居和同事，如帮忙做些家务或提供道义及情感上的帮助[72]。一项针对九千名英国成年人的研究显示，相比已婚人士，单身人士更有可能定期（超过三个月）照顾病人、残疾人或老年人[73]。此外，人们还常有一种不言自明的期望，认为赡养家庭成员是单身子女的责任。在社会学理论专家罗纳·辛普森（Roona Simpson）看来，这种期望"由来已久且普遍存在"[74]。

一些人呼吁人们重视家务劳动及志愿服务。大型专业服务公司普华永道宣称，现行的经济活动衡量标准太过狭隘，只考虑了那些有偿的劳动[75]。根据该公司的初步估算，以澳大利亚为例，如果把无偿劳动考虑在内，澳大利亚整体经济的增量将达到三分之一。这意味着，虽然目前单身人士在无偿服务领域做出的突出贡献鲜为人知且很少得到认可，但情况很快就会发生改变。我希望这能让更多的人重新认识单身人士在他人生活及整个社会中扮演的角色。

已婚福利

已婚人士享有一系列单身人士无法享受的税收优惠及福利。虽然针对单身人士的某些形式的偏见很难被证明，但与价格及税收相关的处罚却显而易见。很多所谓的"婚姻福利"在同性婚姻合法化的案例中被反复论证。已婚人士获得某些福利的事实，意味着单身人士会因为未婚的状态而受到惩罚，更不用说其中一些人从一开始就没有结婚的机会了。

许多明显偏袒已婚人士的让步政策是由政府主导的。例如在英国，只要结婚，你就可以获得减免税收的婚姻税津贴（Marriage Tax Allowance）。另有一些条款规定，已婚夫妻间转移财产并不需要缴纳遗产税。在美国，情况更加严重[76]（哪怕有越来越多的人指出这种制度并不合理）。已婚夫妻可以联合报税，并将财产和房产转移给配偶，相比单身人士，这一点明显有利于已婚人士。据估计，美国有超过1000条法律专门为已婚人士提供法律及经济上的福利[77]。在澳大利亚，政策也对已婚人士有所倾斜，例如夫妻可以通过转移财产实现税收最小化。

对已婚人士的政策倾斜可以被视为曾经规定妻子法律身

份的条款（coverture）的残留，该条款的设计初衷是将已婚夫妻视为统一的财务实体。这样的规定一度很有必要，因为女性在结婚后会受到就业的限制，不能以自己的名义借贷。幸运的是，这种情况已不复存在，但世界各地的税收制度仍反映了这段历史。

事实上，考虑到单身人士并没有机会从伴侣那里继承财富，税收减免对他们来说似乎更合理。毕竟，在现实中，很多已婚人士积累的财富会超过单身人士，他们受益于一整套税收制度，而哪怕是在出现遗产问题之前，税收政策也一直对他们有所倾斜。

针对已婚人士的一系列政策倾斜似乎并不公平，因为从很多角度来说，单身生活的成本比已婚生活的成本高。很明显的就是住房及公共设施费用。独自生活的单身人士承担了已婚夫妻共同承担的全部家庭开支。不仅如此，电话和网络都是针对一人以上家庭或住房所提供的整体服务，这意味着在人多的家庭里，每个人需要承担的费用较少。Netflix（网飞）公司的收看费用也会随着连接设备的增多而变得便宜，但单身的人很可能只有一台设备。难怪我的朋友会在友善的销售人员把她纳入家庭网络养老福利计划后激动不已。她远不到可以享受养老福利的年纪，但和那些老年人有着一样的使用模式及需求。想象一下，只要稍加改善，单身人群就不只是被服务的对象，而是一个可以攻占的市场。

同样，在同一份保险中，被保险人越多，保险就越便宜。有伴侣一方被包含在伴侣的保险范围内，这种类型的保险服务越来越趋向于免费，就像员工的就业福利一样。如果一对夫妻在自由市场上选择保险，他们能够争取到的条件通常比单身人士要好，后者很可能会为房子、汽车、健康和生命付出更多费用。

单身者旅行时，也通常需要支付单人附加费，这种附加费类似在单人房间或单件行李费用基础上增加的一笔罚款。一般情况下，酒店费用是按照双人入住的标准来定的，单身人士会受到资金"处罚"，旅行费用也会变得更加昂贵。

不仅如此，像奥乐齐（Aldi）和开市客（Costco）这样的超市及批发商，会以较低的处理价批量出售商品，这显然也不是适合单身人士的选择。通常来说在较小的单身公寓里存放大量物品本身就是一个挑战，而且遇到容易腐烂的东西所造成的浪费，从环境角度来说也是难以想象的。更不用说，一个人生活根本用不到这么多东西。相比之下，单身人士会为小份的东西支付更多金钱。因此，现实情况就是，单身人士用得少，但花得多。

有时，把购物篮里的东西倒在超市柜台上，或者只是把抱着的东西放下来，都会让我觉得不好意思——我只需要买自己和一个孩子的东西。我守着一根胡萝卜、一个番茄、一根最小的黄瓜或甘薯——我可以把它们从一堆黄瓜和甘薯里挑出来但不弄倒其他的。我是那种会从一捆香蕉上折下一根的人，任由其他香蕉歪歪斜斜或松松垮垮。像我一样，单身的人可能只会买很少的东西，但作为有意识的购物者，我们会减少浪费。

类似的情况也出现在公共生活领域，尤其是在创建宜居和理想城市时起着关键作用的文化及社会服务领域。艾里克·克里南伯格在《单身社会》一书中写到，有证据表明，"为了调剂生活，独居的人会比与他人同住的人更积极地参与社会活动，独居人数更多的城市有更繁荣的公共文化"[78]。此类蓬勃发展的文化场所包括酒吧、咖啡馆及其他艺术活动场所，它们都和在郊区常见的那些有很大区别。因此，令人惊讶的是，情侣通常更喜欢这种由当地单身人士共同营造的环境。买一赠一及家庭优惠装很常见，在统一的房间预订标准下，单身人士享受了同样的服务，但需要支付更多的费用也很常见。在餐厅里，最小的桌子一般也是两人桌，多数情况下会容纳更多人，他们很少考虑那些独自用餐的人。正因如此，寿司店和那些带有吧台座位的餐厅成了独自用餐者的避风港。

既然单身人士几乎无法享受买一赠一的优惠，餐厅为何不在客人较少的安静夜晚提供"单身折扣"，吸引单身人士进店用餐呢？餐厅并不需要担心我们如何度过这段时间。过去人们会在单独就餐时带一本书，现在会带着手机，它们既能提供陪伴，又能分散注意力。更何况，有些单身人士并不需要任何东西，独自用餐本身就是一种乐趣。

单身人士的经济状况也有从极贫到极富的显著差别。但不管怎样，他们的整体立场与有伴侣的人不同，需要得到理解与支持。虽然一些单身人士拥有更多的可支配资金，但也不得不为自己需要的产品和服务支付更多费用。有些人在离婚后发现，没有了作为已婚人士的某些特殊福利，他们的生活会变得大不相同。

当然，在新兴国家中依旧存在非常现实的经济及财务阻碍。单身人士，尤其是单身女性，可能很难继承财产或无法被认定为户主，因此无法享受社会福利，或被认为是家庭的"负担"。对这一部分人来说，经济上的支持至关重要。

单身人士面临的经济现实不是一点儿零钱的问题。2013

年,《大西洋月刊》刊登了一篇文章,题为"在美国单身的高昂代价"。Onely.org的联合创始人莉萨·阿诺德(Lisa Arnold)和克里斯蒂娜·坎贝尔(Christina Campbell)估算,终其一生,未婚女性在医疗、税收等方面的支出比已婚女性高100万美元[79]。考虑到单身人士为经济发展做出的贡献,这样的结果无疑是一种惩罚。

第三章

苛刻的观点

在其他方面保持零纪录可能会受到赞扬,但婚姻不是——哪怕婚姻失败,也比从没有结过婚要好。

人格诋毁

称呼的内涵

如今，单身生活比以往任何时候都要常见，虽然20世纪的世界大战极大地影响了单身人数，战后的单身人士却更多了。过去，男人们不回家时，女人们会被打上"老姑娘"（spinster）的标签，过着没有伴侣的生活。这个名词早在18世纪就出现了，一开始就指代女性，且大多数时候指那些以纺织为生的未婚女性。到了19世纪，独身为更多人接受，女性也有了选择自己生活的权利，只是在约定俗成的社会规则下，婚姻才是通往更圆满、更合乎规矩生活的途径。即使是那些被迫独自生活的战争遗孀，也难免要承受他人批判的眼光。"老处女"（old maid）和"老姑娘"（spinster）两个词有时会被混用，它们都暗藏某种内涵、某种最终的反对，不管这种生活出于主动选择还是被动接受。

"老姑娘"并不是一个褒义词。而与之相对的男性角色——"单身汉"（bachelor），哪怕不是褒义词，也至少是中性词。最近的电视节目会用"单身女性"（bachelorette）一词，就好像"老姑娘"已经成了旧时代的产物。即便如此，女性依然面临一系列确认身份的选择，如应当自称"小姐"（Miss）、"女士"（Ms）还是"夫人"（Mrs）。但我们总是想问，她们为什么必须明确自己的身份呢？

虽然"老处女"和"老姑娘"这样的词在今天已经没那么常见了，澳大利亚乡村却依旧保留着单身舞会[1]。这是当地传统社交场合中的固定活动，城里人偶尔来此寻找伴侣，或只是为了度过一个美好的夜晚。有人可能会说，这只是那个时代里玩笑式的传统，但在另一些人看来，这样的活动很有必要，因为留在自己长大的乡镇里的女性越来越少。单身舞会反映了一种保守的乡村价值观，在这种价值观下，婚姻与家庭仍然占据主导地位，甚至对于坚守家庭财产或决定财产如何花费来说至关重要。而且，正如我们所知，持这种婚姻观念的，并不仅仅是保守的乡下人。

---

[1] 原文为"bachelor and spinster (B&S) balls"，即"单身汉与老姑娘舞会"。

很多人都有关于未婚姑婆（Great Aunt）的美好回忆（可能她还有其他和自己共度一生的姐妹），这个用来描述她们的词，已经很少有人用了。即便如此，"老姑娘"这个词的内涵，以及它所包含的负面评价及社会排斥却远没有消失。

不公平的看法

小时候，在家庭度假和外出过夜时，我们总会公开讨论床位分配问题并为此争执。"我要睡上铺"这句话把我拉回童年时代，每当我们去一个新地方，我的哥哥总会抢占先机。然而，成年后，这个问题变得更微妙了。懂礼貌的人会把更好的房间留给其他人，比如还没有到达的客人。但无一例外，单身的人会得到一张单人床，如果是家庭公寓，他们甚至会被安排和另一个单身的人一起住在儿童房里。一对夫妻几乎总是可以舒服地住在主卧里，拥有独立的卫生间。而我？有很多次假期，我都睡在儿童房里，和其他单身朋友一起睡双层床。每当我注意到房间里的玩具和海报，尝试着从孩子的视角看世界时，我总会发现自己和他们的生活以及他们感兴趣的东西有着某种奇妙的联系。不得不说，没能住在最好的房间里让我有一种优越感，就好像假期里的其他安排都应该按照我的方式进行。但是,为什么单身的人没有机会享受更好的房间呢?

事实上,单身人士受到的批评,在某种程度上不同于已婚人士或处于亲密关系中的人。因为单身的状态,他们的性格、精神状况甚至长相,都有可能得到负面的评价。不管单身的人自己能否意识到,他们总会被贴上"不正常"的标签,成为那些影响他们生活的刻板印象所瞄准的靶子。尽管全球各地有越来越多的单身人士选择各种不同的生活方式,但多项研究表明,人们对单身的负面看法依旧存在。社会心理学家贝拉·德保罗[80]、托拜厄斯·格雷特梅耶(Tobias Greitemeyer)博士及其他研究者根据他们所做的研究得出了一个简短的结论:相比已婚人士,单身人士几乎从每一个角度都会得到更负面的评价。

例如,比起单身人士,已婚人士更显"成熟"[81]。单身的人就像孩子一样,总会被人说"不成熟"。他们没有经历过结婚这种更高一级的成年礼,因此不算真正意义上的成年人。然而,讽刺的是,哪怕单身者比那些有伴侣的人承担了更多的成年责任——因为他们没有人分担,也不能把责任推给伴侣——这些单身的人依然会被认为孩子气。

还有人认为单身的人是自私的,这是另一种孩子气。我们希望长大后不再自私,也会告诉孩子不要自私。在我们的社会中,单身人士在志愿者中占了很大的比例,还有那些一直照顾孩子的单亲父母,他们被当作自私的人似乎特别不公平。也许那些指责的人想的是另一类单身者,比如那些不做自己应该做的事(如组建家庭)而享受快乐的人。这是一种出于文化预设的侮辱,可能还夹杂着嫉妒。许多单身人士都对社会做出了巨大的贡献,为什么就不能享受一下呢?

单身的人也更有可能被认为是神经质的、自卑的或对生活不太满意的。在美国这样的高离婚率(超过40%)国家,认为已婚人士比单身人士更"稳定"的观点尤其令人惊讶[82]。在澳大利亚,尽管人们认为离婚率在降低(2015年有48517对夫妇离婚),有时也会超过30%[83]。在租房时,已婚夫妇往往比单身人士更受青睐,这表明对已婚人士的普遍正面态度根深蒂固——哪怕有证据显示恰恰相反。

除此之外,在他人眼中,单身的人也更容易显得不快乐、孤独或缺乏安全感。一些研究人员发现,在近一半的时间里,已婚人士被描述为有爱心的、善良的、乐于奉献的,而单身人士被如此描绘的情况只有2%[84]。如果年过四十,情况就更糟糕了,关于单身者的描述语中还会出现

"善妒"。谁愿意被当作眼红的怪物？单身的人也更容易被认为是"丑陋的"，这无异于雪上加霜。

当然，我们知道这些都是刻板印象。你一定认识一些有爱心、有同情心的单身人士。令人欣慰的是，有一种描述是单身者可以为之自豪的，即他们通常被认为是独立的。但这一点显而易见，不是吗？

就像生活中的大多数事物一样，单身者也分等级。人们更倾向于用积极的眼光看待丧偶者，其次是离异者，一直单身的人则处于最底层。对造成自己处境的责任越小，负面的印象就越少。然而，单身母亲会遭受所有负面看法的折磨，甚至还要承受更多。在其他方面保持零纪录可能会受到赞扬，但婚姻不是——哪怕婚姻失败，也比从没有结过婚要好。

年龄是另一个重要因素。一个人年轻时，单身并不是一件不好的事，在人们看来，这一阶段最终会以步入婚姻而告终。而到了"应该"结婚的年龄，他们就会受到更严厉的批判。虽然年轻的单身者看起来逍遥自在，但当他们步入中年，就会被打上"被嫌弃"或低人一等的标签，等他们老了，就只剩下孤独。对印度和亚洲其他地区的人来说，这种评判可能从二十多岁起就会愈演愈烈。

总体来看，针对单身人士生活的看法并不符合实际情况。在前面提到的研究中，很多人甚至没有意识到自己的歧视，即便被指出来，也并不觉得这是令人反感的。需要注意的是，对单身人士持负面看法的不仅仅是已婚的人。很多单身的人也会对其他单身者以及自己当前的处境持负面看法，他们可能和已婚人士一样苛刻，甚至更加苛刻。

单身人士似乎是一个松散的群体，如果他们更多地相互支持，结果或许会更好。普遍存在的刻板印象被视为合理，这说明我们的社会还有很长的路要走。我们正面临一些更大的问题，它指向的是一种根深蒂固的理念，即认为婚姻和其他形式的亲密关系会带来更好的生活，这是所有人都应该选择的生活方式。

当我问到单身有什么好处时，人们会毫不犹豫地列出很多。自由，独立，不必对任何人负责；可以做自己，做真正的自己；追随自己的激情和梦想；优先考虑对自己来说重要的事；买自己想买的东西，不用感到内疚，也不需要解释。这些东西如此美好、如此重要，他们必然不想放弃，尤其不想为了一段不尽如人意的关系而放弃。对另一些人来说，理想的亲密关系已经改变。他们可能愿意恋爱，但无法想象自己和其他人一起生活。这些是他们珍视的单身生活的某些特质，不过有点令人惊讶的是，人们很少把性爱自由作为其中之一提及。

在单身生活带给我的所有好处中，我最欣赏的是稳定。我的世界不会突然因其他人出现而天翻地覆，我可以计划自己想要的未来。

在我看来，单身的人抱有一种特别的希望。和处于亲密关系中不同，单身的时候，未来会以一种不同的方式向你敞开，而有时，这或许就是最好的事。

究竟为何重要

别人怎么看待单身的人真的很重要吗？它真的影响了什么吗？答案是肯定的。看法会变成现实。随便问一个媒体宣传顾问，他都会告诉你，看法就是现实。不管怎么说，他人的看法非常强大，当这种看法负面且不公平时，很可能具有破坏性的力量。

我所谈论的负面评价会影响一个单身者生活的方方面面，从工作到他们购买任何服务及商品时所受到的对待。它不仅会侵蚀一个人的自我意识，还会侵蚀他们有能力过上美好生活的信念。我们为什么要否认这些？

女性和孩子

一个女性是否会有孩子、现在有没有孩子或不准备生孩子，这些都和她的单身状态息息相关。年轻女性在他人眼中潜力无穷。虽然有些人倾向于否认生孩子的念头，另一些人却自由表达了出来。我记得在我二十五岁的生日聚会上，一位朋友装扮成怀孕的家庭主妇出现，而那场聚会的主题就是装扮成你一直想成为的人。那时，我觉得她的选择大胆而自信。另一些人的观点则一直在变。年轻的时候，我以为自己会在二十八岁时有六个孩子。我不知道那时我在想什么。三十岁时，我降低了期待，因为情况看起来不太乐观，留给我的时间不多了。也许两个孩子吧，我想着，最好是双胞胎。可是，我又在想什么？养育双胞胎是件苦差事。三十五六岁时，我开始研究收养，不过不是试管婴儿。近四十岁时，我开始被迫接受自己或许不会有孩子的事实。

然而，如果一名年轻女性声称自己从没想过要孩子，人们就会说她"天真"。年轻人对自己最终能否为人父母的怀疑、对不想要孩子这种想法的表达，以及在某些情况下，希望通过某种手段使之无法实现的愿望，往往不被理解，遭到反对。选择不生孩子的女性在他人眼中通常是"冷漠"的。有些人觉得必须竭尽全力，才能让别人相信自己确实喜欢孩子、重视家庭。

没有孩子的女性通常分为两种：一种不排斥要孩子这件事，另一种则不想要孩子。不过，我们常常不知道有些人该如何归类。那些选择不生孩子的人，原因各不相同。有些人可能从未有过自己想象中的"母爱"的感觉；另一些人则担心更宏大的问题，如世界人口规模及一个新生儿对地球的影响；还有一些人可能会质疑自己的身体是否有能力怀孕。无论如何，一直有一股强大的社会潮流引导这些女性怀孕生子，而在人们眼中，她们一直在反抗。

除此之外，还有那些想成为母亲的人。同样，原因多种多样，不尽相同。有些人从未遇到过可以与之一起为人父母的合适伴侣；有些人受到经济或其他条件的限制，确信或凭直觉知道自己无法成为自己期望的那种父母；还有些人就是无法怀孕或保住孩子，直到真正成功之前，这都是一段令人心碎的旅程。

不管是否有选择,没有孩子的女性通常会给人留下一种狭隘的刻板印象,这种刻板印象一成不变,无公平可言。

在人们眼中,事业成功但没有孩子的女性通常把事业放在首位,并不关心孩子。有趣且令人兴奋的是,我注意到澳大利亚一家关注儿童教育的慈善机构,其收到的单笔最大遗产来自一位没有孩子的女性。我自己早在成为母亲之前,就在向同一个慈善机构捐款。很明显,关心孩子的人并不需要自己有一个孩子。

有时,没有孩子的人在他人眼中过着堕落的生活。如果一名单身女性拥有一个昂贵的手提袋,人们会觉得她无人宠爱,只好宠爱自己,不会因为她的财富或品位而心生羡慕。我时常觉得匪夷所思,一个女人花几千美元买一件只穿一次的婚纱完全没问题,而一个单身女人给自己买一件昂贵的东西却要感到难为情。如今,勤俭和节制似乎成了对单身女性的要求。我曾读到一位流行歌手给另一位歌手的建议,要她自己买珠宝,这样就不用在分手后扔掉了,在我看来,这样的建议不仅合理,而且充满力量。

在另一些时候,单身女性会被视为坏女人,是会偷走他人丈夫或伴侣的掠食者。单身女明星的生活会受到特别的审视，她们常被描述为只顾享乐的女人，就好像与之接触的每一个男人都会变成她们的目标。当单身女性变老，她的生活就会和孤独联系在一起。人们会拿养猫的单身女性开玩笑，因为两者似乎都难以取悦和接近。

这些针对没有孩子的女性的看法似乎在倒退，毫无进步或公平可言，现在到了该改变的时候了。考虑到这些偏见，与孩子打交道对单身女性来说会变成一件具有挑战性的事，也就不足为奇了。她们会发现自己在接近其他人的孩子时，有一种独特的自我意识，而这有别于其他任何互动。

我到快四十岁的时候还没有孩子，而我的很多好朋友年近三十就已生子。在我们三十岁出头的聚会上，总是挤满了小孩。当我抱起一个刚出生的宝宝，很快就会听到各种"笨手笨脚"和"试试看"的评论，紧接着就是"别担心，你总会有自己的宝宝的"。尽管我不愿意这样，但如果宝宝哭了，我立刻就会意识到自己好像并不知道自己在做什么。

女性是否要孩子仍然是一个高度敏感的问题，尽管据估计，四分之一处于适育年龄的女性并不会要孩子[85]。我们对没有孩子的女性的生活知之甚少，因为我们很少恰当地询问，也很少敞开心扉倾听。"无子女"这样的表述意味着没有孩子的人少了一些什么，而不是她们本就完整，孩子只是附加。

对不育女性的负面看法在朱莉娅·吉拉德身上表现得非常明显。2007年，时任参议员的比尔·赫弗南（Bill Heffernan）说："在我看来，刻意选择不生孩子的人，根本就不知道生活是什么。"[86]第二年，反对党的索菲·米拉贝拉（Sophie Mirabella）在议会上对吉拉德说："你该不会需要他（前总理陆克文）的纳税人出资的保姆吧？"[87]米拉贝拉单独挑出了吉拉德，她知道这会助长人们对吉拉德作为一个女性的负面看法，以及对她领导能力的质疑。

事情并没有就此结束。2010年，另一位参议员乔治·布兰迪斯（George Brandis）在一次电台采访中说道："她选择不成为母亲……在很大程度上，她是一个单一的人……她无法理解当孩子到了某个特定的年龄时，父母如何看待他们。"[88]同年，记者珍妮特·阿尔布莱切森（Janet Albrechtsen）在一份全国性的报纸上写道：

> 吉拉德向我们展示的荣誉徽章及对事业的承诺，是空荡荡的房子和空无一物的厨房。她从不需要为照顾婴儿、从学校里接回生病的孩子、抚养青少年等令人沮丧的需求和重大责任腾出空间——更不用说考虑丈夫或伴

侣的需求了[89]。

人们可能认为针对单身人士的负面看法往往悄无声息，但从这些例子就可以清楚得知，事实并非总是如此。这些针对一位最终获得国家最高职位的政治领袖的言论是公开的，且明知会被记录在案。事实上，传递这些信息的人，也非常清楚地意识到了这种看法的存在。他们希望利用它为自己谋利。因此，仍有人在争论单身人士和没有孩子的人是否真的遭受了歧视和偏见是非常令人吃惊的。这个最公开的例子，证明了偏见确实存在。

单亲妈妈

人们可能更倾向于承认对单身母亲持有某种看法，且多数时候是负面看法。我记得当我成为一名单身母亲时，我对自己说，"我是一个带着女娥（儿）的单亲妈妈"，语焉不详，就像20世纪90年代初的广告（瘦牛肉广告）那样。我对自己的评判沉重地压在我身上。"单亲妈妈"并不是我想要的称呼，因为我知道它意味着社会对我有怎样的看法。

和没有孩子的女性一样，各种不同的原因导致了单身母亲的出现。有些人丧偶，有些人离婚，还有一些人逃离了暴力或毒瘾。有些人意识到自己选择了错误的人，或者她们的伴侣意识到了这一点。有些人被欺骗，也有越来越多的人从一开始就选择不要伴侣，自己生一个孩子。但无论原因如何，单身母亲很容易让人联想到消极的内涵。

单身母亲通常和社会救济以及邋遢且不守规矩的孩子联系在一起。一般而言，在人们眼中，单身母亲只是勉强维持生计，似乎总是很穷。她不是英雄。相反，她需要为自己的困境负责。她应该更明事理，不应该嫁给那个男人，不应该生下这个孩子。那孩子呢？母亲很自私，孩子在学校里表现不好，跟朋友差距很大，他们被剥夺了父亲，这些可怜的孩子。

在一般的陈词滥调中，单身母亲（single mother）一定有一段糟糕的经历。而最糟糕的是，她经常被称为"单亲妈妈"（single mum），这种口语化的说法会让人联想到她较低的社会地位。如果少些批判，抛开那些陈词滥调，单身母亲通常意味着"工作繁重"和"孤独"。如果一位已婚女性声称自己"像个单亲妈妈"，她的意思是生活艰难，自己承受了太多。事实上，很多有伴侣的妈妈乐意用这个词来描述自己，这表明了她们对单身母亲生活的看法——艰难、孤独、残酷。

第三章 苛刻的观点 083

谁又能责怪她们呢？毕竟，能够成为榜样，生活幸福美满的单身母亲那么少。美国作家凯·希莫威茨[90]（Kay Hymowitz）和澳大利亚心理学家贝蒂娜·阿恩特[91]（Bettina Arndt）都认为，很明显，人们不会鼓励更多的女性加入无伴侣单身母亲的行列。

在澳大利亚热门电视剧《普氏家族》（*Offspring*）中，作为主角的丧偶单身母亲开始约会，与此同时，她的单身姐妹选择在没有伴侣的情况下成为母亲，这很快引发了一些人的愤怒，他们声称养育孩子不应该被看得如此草率。反对的声音很大、很明确：成为单身母亲是一件很辛苦的事，不应该被鼓励。然而，这些角色表现了不同的、真实存在的单身母亲的视角，超越了以往的陈词滥调。我们试图限制单身母亲在媒体上更多样的表现形式，却无法真实描绘出这一重要的群体，又怎能期望自己理解她们呢？

美国有超过一千万单身母亲，澳大利亚也有近一百万单身母亲，这绝不是一个微不足道的群体。虽然有些单身母亲生活艰难（尤其是在经济方面），但另一些则会成为领导者，不仅是家庭的领导者，她们是总裁、律师、医生、会计、校长。单身母亲也培养了领导者，包括美国最近的两任总统——巴拉克·奥巴马和比尔·克林顿。澳大利亚前总理陆克文、参议员黄英贤（Penny Wong）和联邦部长安东尼·阿尔巴内塞（Anthony Albanese）都由单身母亲抚养长大，他们都曾公开称赞自己的母亲。

虽然单身母亲带来了需要解决，尤其是需要政府解决的特殊问题，但如今许多单身母亲比起之前几代人，更有能力应对这些挑战。有些单身母亲受过良好的教育，经济独立，有强大的家庭及社区联结支撑她们抚养孩子。她们并不会完全依赖社会福利，她们的孩子也并非都在受苦，很多孩子都过得不错，甚至可以说过得相当好。单身母亲可以像其他母亲一样坚定地守护家庭安全，没有冲突和创伤，家中充满了其他家庭必不可少的美好元素，如书籍、祖父母和表兄妹。

尽管如此，单身母亲们还是不断被提醒，她们的孩子处境更为艰难，这一信息不断被媒体和政府放大。我们应该考虑这种可能性，即女性很可能会过于害怕成为"单亲妈妈"而将自己置于不安全的环境中，让自己和孩子受伤。政府和公众应该传递一个极为重要的信息，让她们知道未来有更好的日子，有稳定和安宁。我们不应该让单身母亲感到气馁，而应该努力为她们提供支持。

我曾深入思考单身母亲的角色，以及我和那些有伴侣的母亲所经历的不同。虽然有时生活艰难,但也有很大的益处。我深信,如果我有伴侣,我和女儿的关系可能不会像现在这样亲密。经历过困难,也意味着我更珍惜美好的时光,更享受欢乐的时刻,我很少为小事烦恼。有时,拥有的越少,感恩的就越多。

其他需要分担抚养孩子责任的单身母亲会谈到两者兼顾。她们既能和孩子融洽相处,又有属于自己的时间,她们享受做母亲的快乐,也享受生活——即便整体情况超出预期,甚至不是她们想要的。

我们都知道,标签对于形成认知很重要。也许是时候用"单身父母"而不是"单亲妈妈"或"单亲爸爸"了。在大海中游泳时,相比其他游泳者,单独游泳的人更受尊敬。独自游泳比两人一组或团队一起合作、交换位置、中途休息更有挑战性。当独自游泳者到达终点,跌跌撞撞地走向沙滩时,人们会兴奋地欢呼、咆哮,因为这是一项壮举,而独自完成只会增强而非削弱其成就。

单身男性

许多针对单身女性的偏见为大众所知,那么单身男性呢?我们确实很少听到关于他们的消息。有些人可能会把他们身上的标签——如"花花公子"或"大众情人"——视为恭维。然而,我们有必要仔细审视这些判断,以及它对单身男性生活的影响,不管他们自己是否意识到了这些。

从"坏小子"到"花花公子"

单身男性被称为"坏小子"、"彼得·潘"或"花花公子"并不少见。仅凭这样一个标签,就能说明单身男性在人们眼中是幼稚的。对"坏小子"的刻板印象意味着他是鲁莽的,很可能是(严重的)酗酒者、吸毒者,通常也是冒险者——车速很快。与此同时,花花公子更复杂一些,他拥有豪华跑车,喝威士忌而不是六瓶装的啤酒,但他仍然只是一个身处成年世界的孩子。而所谓的彼得·潘,指永远长不大的孩子。所有这些刻板印象都指向一个结论,即单身男性的生活并不为人接受,因为他们不够成熟。

"花花公子"也被称为"大众情人"或"女性杀手"。在与异性社交时,他通常被视为具有操纵性,自私自利、尖酸刻薄,不考虑他人的感受。而且,他就是不愿意"安顿下来"。和其他单身人士一样,在人们眼中,"花花公子"只是一个短暂存在的阶段。人们会拿他(假定中)空空的冰箱开玩笑,想象着他一个人坐在沙发上,直接从盒子里拿出比萨,毫不掩饰地打着嗝把它吃完。他与异性调情的单身公寓,肯定一团乱(就像大学宿舍一样),因为他显然无法照顾自己。

在流行文化中,单身汉通常被描绘为邋遢、不爱做家务的人。如果他干净整洁、注意外表或热爱居家生活,那他很有可能被斥为妈宝男、神经病(电影并没有起到正面效果)[1]或同性恋(不管他是不是)。不管怎样,他都没有给人留下好印象。单身男性不可能是精致、成熟或善良的人。相反,他会落入不同的刻板印象中,且大多是负面的。

---

[1] 指希区柯克的电影《惊魂记》(*Psycho*)。

可怕的男人

有些刻板印象要险恶得多，比如，单身男性会被指责为可怕。他们不太可能和其他人的孩子单独待在一起，有时也会被禁止进入儿童公园。在最糟糕的情况下，他们会被视为掠夺者甚至恋童癖。和单身女性一样，他们也会在家庭、朋友聚会上变得战战兢兢，不敢靠近。如果他和孩子们打成一片，那他就是一个永远长不大的孩子。如果他在孩子的房间里走动，另一个大人可能会觉得有必要检查一下。如果他对孩子不感兴趣，就会被视为不了解孩子，不了解身为父母意味着什么。几乎可以肯定，人们不会把孩子交给他来抱着。对于单身男性来说，这一直是一个不利的局面。

如果一个男人成年后仍保持单身，有些人就会怀疑他是不是有什么问题。他有哪一点不招异性喜欢？也许他令人害怕，或有某些特质暗示他是个骗子或容易让人误解。比起已婚或有伴侣的男性，单身男性似乎更让人担心，这不仅不公平而且不明智——大多数针对女性的暴力行为都来自她们的伴侣，且大多数虐待儿童的事件都发生在家里，家庭成员才是施暴者。

就像女性无法成为母亲的原因有很多一样,男性也面临类似的情况。有些人一直渴望成为父亲,但事与愿违。英国社会学家罗宾·哈德利(Robin Hadley)博士花费多年时间研究非自愿无子女男性的生活,他的研究引发了很多人的兴趣。2011年,他发表了一篇基于定性研究的论文《非自愿无子女男性及对成为父亲的渴望》。他在这篇论文中指出,并非只有女性会受到无法成为父母这一事实的影响,男性也会感到失落、沮丧、被排斥、被孤立。他们不得不经历一个适应及重建自我信念的过程——不管是在情感层面,还是在心理或社会层面[92]。哈德利遗憾的是相关数据太少,这一点在其他与单身人士相关的领域同样存在。不过,就像其他理解这一现状的学者一样,哈德利决定继续自己的研究。我们能够确信的是,他的关注者只会越来越多。

现在,我们来想想那些愿意独自承担的单身男性,他们想要一个孩子,不管是通过收养还是代孕[1],就像越来越多的女性一样。即便有可能,这也将是一次困难的旅程。有些单身男性成功创建了他们一直以来想要的家庭,但过程并不容易。如果选择收养或寄养,安排给他的孩子通常年

---

[1] 除了美国的少数州、乌克兰、俄罗斯之外,世界上大部分国家禁止商业代孕。我国明令禁止代孕。(截至2021年6月)

龄较大，很难被安置，是已婚夫妇不想选择的对象。

如果一名单身男性不喜欢社交——可能因为内向——他就会被斥为隐居者，年龄越大，这种情况越有可能发生。虽然隐居者一度代表一种和宗教紧密相关的孤独状态，但这个词本身并不是赞美。隐居者被视为脱离社会的人，他们很古怪，一点都不正常。如果一位单身男性被视为隐居者，只会暗示出于某种原因，他遭到了社会的驱逐，而非他自己选择了独处。

有些单身男性并没有意识到其他人对自己的看法，也许不知是福。然而，我意识到了这些，尤其是我在和四十岁上下的男人约会的时候。和这些人交往时，我的朋友会问，"嗯，他还没有孩子，他怎么了"，或者会直截了当地说"四十岁了还单身，真让人担心"。

怎样才能解决单身男性面临的问题呢？当然，如果遇见一个女人，和她结婚，他就会得到拯救。然后他会安定下来，习惯于家庭生活，被社会接纳、欢迎。在这之前，他只是随便什么人，整体来看，他的生活被放在了负面评价的审视之下，要么认为他是个孩子，要么认为他不够可靠，应当被驱逐。虽然有些人不在乎其他人的想法，但另一些人在乎，而且很在乎。

第三章 苛刻的观点

单身父亲

和单身母亲相比,单身父亲遭受的社会歧视较少,但仍有一些负面看法及刻板印象会影响他们的生活。过去,父亲们在和伴侣分居时拥有照顾子女的完全合法权利,而如今,很多父亲发现自己的权利受到了限制。这种情况会强化人们的刻板印象,认为单身男性没有责任感,因此没有能力照顾他人。由此导致的真正结果是,有能力、有爱心,想要付出并照顾孩子的父亲被排除在了孩子的生活之外。

没有了与孩子日常互动的经验,单身父亲很难从实践中学到育儿技巧。然后,他会发现自己的经验远不如母亲,在他人眼中能力也不够,由此形成循环,使得单身父亲处于不利的局面。这种情况有时会导致极端的情绪困扰。

另外,那些真正关心孩子的父亲发现自己的努力会得到过度的称赞。单身父亲做到了作为成年人及父母的基本工作,就会让人惊叹不已,这似乎意味着他原本在人们眼中是无能的,而事实上,他可以为自己、为自己的孩子做任何事情,这实在是一个美妙的惊喜。

在人们对单身男性的普遍刻板印象中,单身父亲首当其冲。即便他是在和自己的孩子玩耍,也可能会被怀疑的目光审视。如果他在公共场合，带着年幼的女儿进入没有家庭用设施的男洗手间，就像母亲通常会把男孩带进女洗手间一样，很可能会招致不满的眼光。在人们眼中，危险、具有侵略性的单身男性刻板印象已经成为现实。我认识的一位单身父亲，会在带女儿去洗手间的时候大声说话，以便让所有人都知道自己是孩子的父亲。不过，大多数时候，他会请求另一位母亲帮忙，"这样更简单一些"。

和没有孩子的单身男性一样，要想摆脱这种困境，单身父亲只能选择和一个不错的人结婚。朋友和家人希望他找到一个能够接受并照顾孩子的女人，因为显然他没有能力自己照顾孩子。他们期待着他"重新开始自己的生活"。在人们眼中，他又一次过上了没有根基的阶段性生活，一种不完全正常的成年人生活。

现实往往与之相反。很多单身父亲都是享受为人父母的好爸爸。他们比和伴侣在一起时更能拉近自己与孩子的距离。如果原本经验不够，他就不得不去学习照顾孩子所需的一切，且更有可能与支持自己的家人联系，这对孩子、对他们自己来说都有好处。我认识的一些最好的父亲都是单身，我在想，和伴侣分开，是否真的是他们成为父亲和男人的原因。

第四章

迷思与配对

在德国进行的一项关于孤独的研究表明,
与他人一起生活的人比独自生活的人更孤独。

消除单身迷思

长期研究单身人士的研究者贝拉·德保罗认为，虽然人们对单身人士的刻板印象根深蒂固，但单身者和已婚人士之间的差别并没有那么大。在她看来，婚姻能让人们更快乐、更健康、更融入社会的看法被过分夸大了，或者根本就是错误的[93]。

事实上，很多单身人士正在努力打造一种新的、美好的生活方式，他们健康、自在、与人紧密相连。但这种故事我们不常听到。相反，我们总能听到婚姻的各种好处。如果你碰巧单身，认为自己错过了一些可以让生活变得更好的东西，也是情有可原的。

很多关于婚姻益处的研究都在方法论上存在很大的缺陷。也就是说，在评估"幸福"、"生活质量"或婚姻的整体回报时，离婚的人通常并不包含在内（考虑到很多国家的高离婚率,这其实是一个很大的群体)。相反,离婚的人和单身的人被归为一类。为了理解其中的含义,我们可以将其比作测试新药的过程。想象一下,那些对药物有不良反应的人被排除在了研究结果之外,只有对药物呈良性或中性反应的人才算数。这是缺乏职业道德的行为,研究结果也会遭到质疑。然而,很多关于婚姻的研究就是这样,也因为如此,其可信度大打折扣。

2017年5月,德保罗在《纽约时报》上发表评论文章《结婚才健康?也许并不是》,随后,她被指责歪曲了关于单身与婚姻生活的研究结果[94]。其他学者很快指出,很多研究都证实了所谓的婚姻的好处。德保罗随即写了一篇很长的文章回应这些批评,指出如今很多研究中使用了"欺骗手段",这些手段赋予婚姻有失公平的巨大优势[95]。

可以肯定的是,一些针对单身人士的出色研究并不存在德保罗所说的"根本缺陷"。这类样本很少,尤其是与关于婚姻益处的研究相比——后者得益于保守组织及宗教组织的稳步推进。但出色的研究也在增多,这是个好消息,我们需要更多这样的研究,特别是针对单身LGBTQI群体的研究,他们的生活很可能又有所不同。

到目前为止,有力的研究证据表明,单身人士大部分过着美好的生活。认为所有单身的人都孤独、不开心、不健康且自私的负面看法是不正确的。因此，我并不是无中生有，只是认同那些知道这一点的人。

独自一人

对于很多人来说，一想到单身生活，首先想到的就是孤独。这一点很容易被证伪：研究表明，单身人士并不会比已婚人士更孤独。他们会花更多时间独处（尽管很多人没有），但并不一定会更悲伤、更沮丧或更孤独。事实上，有些人会因为单身而感到自由，尤其是经历过离婚或令人不满意的恋爱之后。

2016年，在美国心理学会于科罗拉多州举办的年度会议上，德保罗回顾了814项研究，并得出了自己的结论。在她看来，相比已婚人士，单身人士与家人和朋友的联系更为紧密。事实上，她发现婚姻或其他形式的亲密关系会让人们变得孤立，只把注意力放在伴侣和孩子身上，缺乏更广泛的联结。单身人士的自给自足会让人更坚强、更自立，而已婚人士的自给自足则有可能指向压力与社会孤立。

我自己也曾经历这些。我生命中一些最孤独的时刻，正是我处于亲密关系中时，我感到自己有义务保守伴侣的秘密,即便它对我产生了严重的影响。人们深刻意识到了这种现象,将其称为婚姻的"沉默区"。我承认,当朋友宣布结婚消息时,我常感到一丝失望,害怕他们因此迷失方向,而事实上,他们确实常常如此。这当然是可以理解的,因为忠诚是婚姻的原则之一,但情感上的孤立极具破坏性,越来越多的人谈到自己为了忠诚而遭受的痛苦。

其他研究已经证实,单身者通常过着与人联结的社交生活,并不会格外孤独。研究者娜塔莉·萨尔基西安(Natalia Sarkisian)和娜奥米·格斯特尔(Naomi Gerstel)根据1992年至1994年美国家庭与住户调查数据,及2000年、2004年、2006年和2012年的综合社会调查数据,研究了美国成年人与亲戚、邻居及朋友的关系。他们发现,相比已婚人士,单身人士更有可能与父母、兄弟姐妹、邻居及朋友保持联系并为他们提供帮助。此类社交联系的增多在男性和女性身上都得到了证实。显然,单身者与他的社会关系之间的积极联系,驳斥了单身生活等于孤独的假设[96]。

独处也是一种乐趣。随着生活越来越忙碌(或我们相信如此),追求独处或真正独处的人越来越少,但这对我们是有好处的——对一些人来说,独处至关重要。研究表明,独处能让我们专注于自我,继而更真实地与他人建立联结[97]。

如果一个人需要更多的鼓励才能独处，也许会有一些研究甚至声称聪明的人需要更多时间独处，这可能会成为一些人独自坐在酒吧吧台或电影院里的最终动力——虽然可能在其他人看来是孤独而非聪明，但这并不重要[98]。

这种可以被看作嗜好，令人精神焕发、充满活力的孤独应当得到我们的关注，因为它对我们的心理健康颇有好处。也许我们只是忘了如何享受孤独，或更普遍地困惑于孤独和孤单的区别。在德国进行的一项关于孤独的研究表明，与他人一起生活的人比独自生活的人更孤独[99]。针对单身人士进行过大量研究的托拜厄斯·格雷特米尔（Tobias Greitemeyer）博士认为，并没有令人信服的数据表明结婚会减轻一个人的孤独感[100]。这对于单身或已婚的人来说，可能都是一件好事。

难获幸福

另一个关于单身人士的普遍假设是他们过得不快乐。"不快乐"并不专属于某一个群体，这一点不应该让人感到惊讶。研究表明，单身人士并不一定比有伴侣或已婚的人更不快乐。美国一项研究发现，尽管结婚后，即所谓蜜月期的幸福感会有所提升，四至六年后，已婚人士并不会比单身人士更快乐、更幸福[101]。

人们总认为单身人士的生活中缺少了一些什么，而这一定让他们不快乐。但也许更大的问题是单身的人经常遭到质疑，这会影响他们的自我意识，进而让他们对自己的满足感产生怀疑。

毫无疑问，在相信婚姻会带来幸福的前提下，一个好的伴侣难能可贵。然而，婚姻被描述为很多人要经历的文化脚本，它必然会影响我们的思维方式和信念——即便我们自己和其他人的生活稍微（或在很大程度上）偏离了脚本。一段时间以来，人们普遍意识到一个人可能无法从婚姻中收获幸福。已经有各项研究表明婚姻及核心家庭的压抑本质，它可能会切断一个人与家人、朋友的联结，尤其对女性而言[102]。

单身人士和已婚人士之间的幸福差距似乎没有那么大，当然也就不足以让人们对单身者及他们的生活评头论足。或许真正的问题在于幸福本身及我们对感受幸福的渴望。这就像寻找一个完美的波浪——你经历它时感觉很棒，但它不会永远持续下去。

身体健康

长期以来,人们一直在说婚姻对健康的好处,很少有人提出质疑。当我问一位医生朋友,为什么结婚会对健康有好处时,她的回答很简单:"那只是因为他们的伴侣会让他们预约医生,并没有实际的好处。"我松了一口气,还以为自己错过了什么。只要去见医生,我就可以消除单身带来的这种所谓的劣势。

研究表明,结婚并不会让人更健康,不过一些学者也提出了质疑。看到关键了吗?整个领域都是有争议的,因为它与生活及人生目的的哲学信仰有关。不过还是有一些好消息的。加拿大一项超过一万一千人参与的研究表明,终生单身的人比结婚的人更健康[103]。另一项针对三万多名意大利人的研究表明,终身单身的人患癌症的比例比结婚人士低,或基本相当[104]。在澳大利亚,一项针对一万多名超过七十岁女性的研究表明,相比已婚女性或结过婚的女性,终身单身且没有孩子的女性罹患重病的可能性最低,身体指数最为健康,且吸烟的概率最低[105]。

为了全面了解健康状况,我们还需要考虑其他因素。例如,夫妻通常共同享有健康保险,或一方的工作福利涵盖了另一方的保险。而很多单亲父母收入较低，很可能没有保险。因为缺少早期发现并治疗的机会，没有保险的人可能会在健康方面受到影响。然而，相关研究很少会根据这些经济因素进行调整，只是笼统地得出了已婚人士更健康的结论。这可能会让人们认为，就健康而言，婚姻存在一些特别的、奇妙的优势，但实际上只是保险和预防措施，这对所有人来说都有好处，不管你有没有结婚。

自私的单身者

另一个需要消除的误区是单身的人都很自私。在人们眼中，他们常常太关心自己，太少关心他人。与此相反，单身人士在志愿服务方面非常活跃，愿意照顾其他人。然而，这些关于自私的主张值得更多的研究，因为它们表明了一种潜在的文化预设，即一个人应该如何利用时间、如何生活。

没有孩子的单身人士越来越多地意识到，和那些有孩子的人相比，自己的时间更不受重视。父母可以因为孩子提早下班，自己却不能。一些单身人士声称自己需要承担额外的工作，或在休息时间上班，哪怕他们更喜欢和家人、朋友待在一起。2017年，英国王子信托基金会旗下、由普华永道赞助的慈善机构社区企业联盟（Business in the

Community）发布了一份报告，该报告显示，在所调查的二十八岁至四十岁且没有孩子的女性中，有三分之二，即两万五千名员工认为，自己的工作时间比那些有孩子的女性长[106]。单身人士的时间被看作放纵，而父母的时间被看作付出。BBC一篇题为《没有孩子的人如何在工作中说"不"》的报道，就单身人士如何维护职位这一棘手的问题给出了一些建议[107]。

　　单身的人甚至都不觉得自己有资格抱怨累，尤其是身边有孩子的人已经霸占了"累"或"忙"这样的形容词。但不管是不是单身，很多人都可以说自己筋疲力尽。和已婚人士一样，一些单身的人也会因为工作或人际关系疲惫不堪，另一些人则想实现自己的追求，环游世界，参加节日庆典或体育赛事。不过，也不仅仅单身的人是这样。我的一些已婚朋友也会不带孩子，自己去参加纽约马拉松。这是自私，还是理所应得的休息？

　　我们应该质疑的是，为何一位单身人士上传了一张看起来是一生中最美好的休假照片，就会被认为放纵，而一张全家度假滑雪的照片就会被认为可爱呢？对所有人来说，休假都是美好的。

关于孩子

认为孩子和已婚父母住在一起更好的观点一直存在，直到最近，它才因为同性婚姻而受到质疑。很多父母都说为了孩子才住在一起，即便他们也会想象等孩子搬出去之后自己（和伴侣分开）的生活。如今很多年轻人住在家里的时间更久，这也让等待的时间变得更长。另一些人长期被虐待，却担心自己离开会对孩子更不好。

很多人选择继续在一起并不奇怪。几十年来，这种观点根深蒂固：对孩子来说，父母都在才是最好的，在破裂的家庭中成长，情况只会更糟。然而，对于那些认为为了孩子待在一起才正确的人来说，以下数据或许令人震惊：82%的孩子宁愿父母分开，也不想他们因为自己继续生活在一起。这是根据英国婚姻家庭法组织Resolution所做的一项调查得出的结论，该调查针对十四岁至二十二岁，且经历过家庭破裂的青少年展开[108]。有些孩子因为父母分开过得更好。俄克拉何马州立大学社会学教授帕特里夏·贝尔（Patricia Bell）认为，"重要的是养育子女的质量，而非婚姻状况本身"[109]。

人们可能会认为，在双亲家庭中，父母都会全身心投入，孩子得到的关注是其中一方所能给予的两倍。但我们知道情况并不总是如此,就像我们也知道,单亲父母通常和孩子相处融洽,并不仅仅因为他们在一起的时间多。与双亲家庭相比,单亲家庭里的父母甚至会与孩子建立更亲密的关系。史密斯一家(The Smith Family)[1]政策及项目负责人温迪·菲尔德(Wendy Field)曾说:"无论收入或背景如何,如果父母积极参与孩子的学习和成长,孩子在学校里的表现会更好,接受高等教育的可能性也更大。"[110]很明显,家长的参与非常重要,在这一点上,单身父母也能给予孩子同样的关注。

更深入的家庭联结,尤其是与祖父母的联结,对孩子很有好处。而我们知道,单身父母在抚养孩子的过程中常常需要家庭的帮助。有时,一位单身父母会和自己的父母住在一起,三代人共同生活。这种生活方式的好处已经得到了学术研究的证实。2008年,牛津大学一项针对英格兰及威尔士儿童的研究发现,那些与祖父母关系密切的孩子出现情绪问题或行为问题的可能性较低[111]。2016年,护理专家、《看护人故事》(A Cast of Caregivers)一书的作者雪莉·斯内林(Sherri Snelling)在福布斯网站上宣称:"多代

---

[1] 澳大利亚公益机构。

同堂生活回归,这是一件好事。"[112]在促进孩子身心健康方面,祖父母起着至关重要的作用,而单亲父母和他们的孩子往往是受益者。

其他研究也消除了已婚父母在养育孩子方面比单身父母做得更好的误区。2014年,巴斯大学社会政策系的苏珊·哈克尼斯(Susan Harkness)博士公布了英国经济与社会研究理事会二级数据分析项目的研究结果。结果显示,单亲家庭很少成为导致孩子情绪或认知结果不佳的原因。生活在单亲家庭中的孩子,其生活状况几乎和那些与亲生父母生活在一起的孩子一样好[113]。

事实上,2016年,《观察家报》的特雷西·麦克维(Tracy McVeigh)发表了一篇题为《单身母亲和其他父母做得一样好》的文章,指出对于年幼的孩子来说,相比在单亲家庭中长大,贫困更为不利[114]。很多关于单亲家庭对孩子影响的困惑,关键就在于此。令人难过的现实是,在单亲家庭中长大的孩子所遭受的不利处境,大多是由于贫困。不断扩大的贫富差距问题日益严重,无论父母是否结婚、是否生活在一起,它都会对孩子产生影响。

单亲父母知道,无论孩子由自己独自抚养或由双方共同抚养,他们都可以拥有美好的生活,这一点至关重要。和已婚父母一样，单亲父母也会给予孩子很多的爱和关注，让他们健康成长。单亲家庭里的孩子可以做得很好，甚至更好。

再谈刻板印象

当然，也有一些单身的人，他们不快乐，孤独，健康状况不佳，或者自私（希望这些特质不是集中在一个人身上）。也有一些单亲家庭中的孩子过得不好。然而，这些特征和经历并不是单身人士独有的，它们也适用于所有处于亲密关系中的成年人。我们都有可能在某些时候经历负面情绪，表现出负面特征或遭遇不幸。单身的人，有充分的理由抵制人们对自己生活的负面成见。

对爱与性的追求

线上交流

可能有人会问，如果单身生活如此幸福、有如此紧密的联结，我们要如何看待线上约会网站及APP的激增呢？使用这些软件的人难道不是在寻求亲密关系，或至少希望自己的生活有所改变吗？

我们已经距离依靠专业媒人寻找伴侣的时代很远了。如今，很多人用自己的电脑或手机进行搜索。20世纪90年代以来，婚恋市场得到发展，我们看到了RSVP[1]、eHarmony[2]等公司的崛起。Tinder、Happn之类的APP不仅改变了人们的交友方式，也改变了交友的可能性。婚恋行业——包括婚恋代理、单身活动——是一个巨大的产业。2016年，美国

---

[1] 澳大利亚在线交友网站。
[2] 美国最大的婚恋交友网站之一。

婚恋行业的估值超过25亿美元[115]。同年，在eHarmony除美国以外的最大市场——澳大利亚，仅线上部分的估值就达到1.2亿澳元[116]。

然而，想想人们实际上在寻找的东西是一件有意思的事。一段亲密关系、爱或性，还是全部？研究表明，寻找"真命天子"似乎并不重要，重要的是其他东西——没错，性，但也不仅仅是性。一项针对千禧一代及其对Tinder使用的消费调查发现，只有4%的人在"寻求恋情"，22%的人在"勾搭"，我们可以把这当作性的委婉说法。然而，到目前为止占比最多（44%）的人，说他们是为了"提升拖延的信心"。

2017年，全球媒体、娱乐公司Mashable的性爱、亲密关系及生活方式记者凯西·默多克（Casey Murdoch）提出了一个问题，"约会APP会成为新的社交网络吗？"她特别提到了一款名为Hater的约会APP，它会根据人们讨厌的东西进行匹配。这款应用软件的开发者发现了一个趋势，令人意外，很大一部分用户（20%）更喜欢"全球模式"，即可以和世界上任何一个角落里的人配对，而非与他们真正能够遇到的人配对[117]。

当然，有些网站和APP更专注于让人们"勾搭"，而其

第四章 迷思与配对 111

他的——通常以收费为特征——会为那些真正寻求亲密关系的人服务。但正如我们所知，交友软件和网站并不只属于单身人士。2015年，阿什利·麦迪逊（Ashley Madison）网站丑闻被揭露[118]。该网站面向已婚或有固定伴侣的人提供线上约会服务，其泄露的超过三千万用户的详细信息，揭示了即使是那些处于亲密关系中的人，也有寻求性爱和人际关系的欲望。线上约会平台能够让人们在谨慎判断的前提下与人接触，事情可能被公开的风险并没有让人们退缩。丑闻发生仅一年后，阿什利·麦迪逊网站就新增了四百万用户（不过这些数字仍存在争议，有人声称存在大量虚假数据[119]）。

虽然线上约会可能会让寻找另一半的过程变得容易，却不一定会让亲密关系变得更好。或许，整个婚恋行业的预期持续增长就真正证明了这一点。创立于1997年的RSVP，宣称拥有超过150万单身用户，但最终走向婚姻的只有八千多人[120]。即使将结婚人数与该网站目前的用户数进行对比，匹配后结婚的转化率也只有5%，如果根据该网站20年的运营情况进行调整，这一比例还要小得多。如果人们追求的是一种以婚姻为目的的亲密关系，那么线上约会平台似乎无法实现这一目标。

但对很多人来说，他们从一开始就没有考虑恋爱或结婚。线上约会只是另一种与他人联结的方式，这样做的原因多种多样，婚姻只是其中一种，且只是对某些人而言。

自恋者警告

当然，有些单身的人宁愿自己不是单身。他们可能也想结婚，或至少谈恋爱，梦想成为父母，和自己爱的人一起抚养孩子。出于某些原因，他们的感情生活就是不顺利。有些人总是经历相同的循环，一开始什么都很好，然后有些东西发生了变化，一切就结束了，只剩下他们收拾残局。他们不得不一次次重新开始自己的生活。遇到这种情况的人会想：是我的问题吗？或者其他人会问：你怎么回事，你做错了什么，你为什么总是选错人？

虽然我并不想不请自来地给出建议，但那些陷入此类怪圈的人，或许可以读一读B类群人格障碍的相关书籍。B类群人格障碍包括自恋型人格障碍、边缘型人格障碍、反社会型人格障碍等。我所描述的恋爱循环，对于此类有人格障碍的人，以及精神病患者和反社会者来说，都是很常见的。有时，与人格障碍者的恋爱关系会被描述为三个明显的阶段：评价过高、贬低，而后抛弃。这种循环可能发生

第四章 迷思与配对

在几周之内,也可能发生在几年之内。

自恋者通常单身,他们也约会,但不太可能拥有稳定的恋爱关系。与他们纠缠在一起的,不仅仅是天真的或过于相信别人的人。研究表明,自恋者尤其吸引那些情绪化的人。因此,一些原本过着稳定生活的单身者,可能会处于与自恋者或反社会者带有破坏性的恋爱关系,但自己并不会陷入人格障碍。自恋者、反社会者及其他有此类障碍的人,通常活跃于网络,且极擅社交。人们"喜欢"他们、为他们点赞或想要与他们联系,这种乐趣有时足以满足他们对被关注的渴望。

那么,要如何判断自己的约会对象,甚至你爱的人是自恋者呢?显然,这就和问"你是自恋者吗"一样容易,而且没错,他们很有可能会说"我是"。除此之外,还有一个更全面的带有四十个问题的调查问卷,或许值得通读一下,了解相关特质,不过不要进行自我诊断[121]。有所了解有助于你决定是继续、保持现状还是及早退出。就像他们说的,要把眼睛睁大。毕竟,人格障碍就是人格障碍。它会影响人们建立持久而深厚的亲密关系的能力,严重伤害伴侣的自尊心、影响他们的生活,无论这段关系多么短暂。

我很了解自恋者。我曾陷入这样的关系,这让我周围那些目睹一切发生的人感到沮丧。要是我喜欢仙妮娅·唐恩（Shania Twain）[1]多一点就好了，这样一来，她那句"那并不能给我留下太多印象"就能让我感同身受了。

正如我们所知，这类人会很快把自己的新约会对象介绍给周围的人，尤其是介绍给家人。我受到了对方父母的欢迎，他们张开双臂、敞开心扉。这段关系结束后（通常是因为突然改变心意），我觉得他们在某种程度上共同参与了全过程。我开始意识到，也许他们只是希望打破这种炫耀的循环。然而，我很肯定它还在继续，就像在我出现之前一样。

关于自恋者为何越来越普遍，有很多说法。人们将其归因于文化因素，如物质主义的兴起、整形手术、社交媒体，以及对成名的渴望。甚至连取一个特别名字的趋势[122]，以及父母对孩子自尊心的关注[123]，也被视为造成这一现象的原因。无论如何，随着自恋者及人格障碍者越来越多，一个持续存在的问题是，这些人通常并不会针对自己的情况主动寻求治疗。讽刺的是，反而是他们的伴侣，更有可能在自恋者的鼓励下寻求帮助。

---

[1] 加拿大女歌手。《那并不能给我留下太多印象》（"That Don't Impress Me Much"）是其演唱的歌曲。

第四章 迷思与配对

因此，对于那些想要拥有亲密关系的人来说，或许是时候做些更深入的阅读，警惕暴露出的种种迹象了。也可能，一个人生活更好。

第五章

全新的政策视角

我们都应该更多地了解单身人士的
生活和需求,因为即便是现在有伴侣的人,
也无法保证自己在将来的某个时候不会一个人生活。

考虑到单身人士数量众多，且未来只会变得更多，政府的政策定位、商业策略及学术界的关注焦点都应该适当聚焦于这一人群。这种意识将有助于消除目前在文化领域已被接受的各种歧视，改变人们对单身人士及其生活的认知，使其更贴近现实。一种全新的观点可能会让单身人士和他们的生活得到准确的评估。

工作领域

毫无疑问，单身员工十分了解单身人士的生活方式，这种认知可以被视为"市场情报"。在没有充分触及单身人士的领域，它会在引领变革方面发挥关键的作用，而这种变革最终会转化为利润。

一些单身的人比其他人有更高的灵活性和更强的适应能力。他们可能愿意在特定的时间加班，愿意去其他地区、其他国家把握新的市场机会。面对起伏不定的市场和不断变化的经济形势，这种意愿会变成他们的优势。如果公平协商、奖励适当，单身人士将获得一系列机会，成为每个企业都想拥有的强大劳动力群体。

单身的人可能会是许多企业——无论大小——尚未发掘的宝藏。

均衡福利

有时，帮助人们实现工作与生活理想平衡的政策会优先考虑为人父母者，无法解决单身人士和没有孩子的夫妇在生活中可能遇到的问题，而这些人同样需要照顾家庭、承担责任。规定通常面向家庭或一户人，即便有些单身人士已经建构起强有力的扶持关系，与家庭无异，有关权利的严格条款依然很难认定他们为照护者。此外，虽然单身人士作为照护者可以休息，但还需要更多社会层面及文化层面的认可。

职场生活不断发展，人们意识到关于员工如何管理个人生活及职场生活，并没有一种普适的方法，因此需要考量何种福利政策更为合适。新的思维方式早该出现。例如，使用类似积分系统这样简单的东西，就可以给员工个人福利设置一个数值。员工达到某个固定的数值，就可以享受自己想要的福利，如压缩工作时间、灵活的工作安排、额外的假期、免费的瑜伽或健身课程等。抛弃标准方案，允许员工在一系列选项中设计自己的福利方案，这样一来，所有人都能得到满足，处于劣势的人也会更少。

数据的可得性也意味着信息可以得到前所未有的分析。

例如，从单身人士的视角审视收入水平，能够揭示很多问题。随着缩小性别收入差距的呼声越来越高，单身人士的收入水平也应当被放在台面上进行讨论了。我们需要更好地理解婚姻带来的影响，因为歧视很可能是双向的。其中的复杂性不能成为我们回避问题，尤其是回避对金钱有实际影响的问题的理由。

当然，正如我在前面暗示的那样，仅有政策是不够的。政策需要在实施过程中被人接受。在这方面，单身人士有机会树立榜样，表明在寻求平衡的过程中，个人完全可以追求工作以外，且和为人父母无关的事情。

无意识的偏见

研究表明，很多人甚至没有意识到自己对单身人士存有偏见或表露出了偏见。事实上，他们的偏见是无意识的。为了打破不公平的刻板印象，越来越多的公司开始关注职场上的无意识偏见，但其中很少（如果有的话）涵盖对单身人士的偏见。

这种偏见很可能影响个人工作、生活的方方面面，从入职、晋升甚至到解雇。人力资源方面的专业人士解释道，有孩子的人面临更紧迫的经济压力，因此职位需要得到保护。然而，单身的人没有伴侣的收入或资源可以依靠，或许他们才是应该受到保护的人。无论如何，为了得到公平的结果，我们应该同时考虑双方的利益。

多数担任领导职务的都是已婚人士。思考其中原因时，我们也应当考量这种无意识的偏见是否正以更多超出我们想象的方式发挥着作用。

公开邀请

公司举办的活动会邀请员工家属，这已经变得越来越普遍了。这是一种有意识的策略，试图让工作场所变得对家庭更友好，承认个人在职场生活，甚至在同一家公司中付出了很多。其结果就是，出差或出席公司活动时，伴侣时常陪伴左右。通常来说，这是一种良好的发展趋势，伴侣可以了解另一半的工作，支持对方。然而，对于那些没有类似机会，无法从伴侣支持中获益的单身人士来说，这可能是一种劣势。他们很可能是在为只有有伴侣的同事才能享受的福利买单，活动费用并没有换回应得的福利，间接等同于收入减少。

成功的企业家常提到，对自己来说，丈夫或妻子的支持至关重要。单身的人也有亲密的朋友或家人支持着他们，扮演着重要的角色。女演员妮可·基德曼常邀请家人、朋友一起出席电影首映式或颁奖典礼红毯，分享她职业生涯中的一些重要时刻。她单身时，和她一起出席活动的经常是她的父亲，或她的好友——演员娜奥米·沃茨（Naomi Watts）。通过向亲密伴侣以外的人发出邀请，允许单身人士有朋友或家人陪伴，他们也能享受到这种好处和支持。

很少有人陪我一起出差，有一次，我邀请了亲密的朋友和我一起参加在斐济举行的会议。当然，这个地点很吸引人。我的朋友们自己出了钱，有一位甚至溜进了泳池边的鸡尾酒聚会。很快，我就意识到了那些已婚同事长期以来享受的福利。我发现和身边的朋友交流起来容易得多，其他人也对与会者之外的人的见解很感兴趣。那天晚上不仅变得更加愉快，对我的职业生涯来说，也更成功。在和朋友们分享当天的详细情况时，我也了解到了很多同事和其他与会者在泳池边的讨论。很快，我就收到了原本可能不会收到的其他社交活动的邀请。有人相伴的好处显而易见。

如果我们真的想让人们在职业生涯中发挥最大的作用，看到他们有所成长并发挥自己的潜力，那么就应该考虑他们在工作和生活中需要得到怎样的支持。

社区服务

长期以来,政府的政治政策一直优先考虑家庭,但除此之外也有其他重要的群体。对这些群体(如单身人士)的认知和优先考虑,应当与家庭并重。

制定更公平的政策

许多有利于夫妻和家庭的税收政策和优惠条件,实际上并不利于单身人士,尤其是单身父母。随着要求回归"妇女预算声明"(Women's Budget Statement)的呼声越来越高——该声明涉及对澳大利亚联邦政府预算的审查及该预算对各年龄阶段女性的影响——我们应该考虑其他可以被列入分析的因素,如单身人士,包括单身父母。如果一项拟议预算并不考虑它对特定群体的影响,那么有些人(就单身人士的情况来说,是多数人)可能会在无意中受到不利的影响。

面向单身人士的服务

政府在规划社区服务、确保人们健康生活并与外界保持联系时，需要考虑目前数量相当的单身人士，以及未来将出现的更多的独居者。单身人数增加、人口老龄化，以及那些无法再住在自己家里的人所能得到的有限设施，都意味着需要重新考量社区服务。

单身人士的需求，与那些已经结婚或和家人住在一起的人是不一样的。单身人士，尤其是单身母亲和残疾人士，在养老方面能够得到的经济支持也很少。不过积极的一面是，单身人士可以被动员起来向他人提供支持，就像在学校里给孩子们读书的父母和推车送饭的老人一样。

单身母亲一直是一个被忽视的群体。政府和政客们清楚地知道她们面临的困难，尤其是在经济与安全方面，但仍很少有针对性的服务来缓解单身母亲的压力。在极端情况下，这种压力，包括贫穷以及威胁着母亲和孩子生活的危险。政府资助的项目通过安排助产士探视及社区妈妈群体的支持，向第一次做妈妈的人提供帮助。可以面向单身父母提供的服务包括暂时托管、帮忙照看孩子及在家协助。同样可以被列入考虑的还有除庇护所以外的其他住房选择、公共设施、保险费用扣除、养老金缴纳[1]等。可以做的事情很多。

社区内部创新

单身人士的住房需求与家庭不同。他们倾向于住在小房子里，毗邻社区及服务设施，离城市或城镇中心较近。住在郊区的大多是一家人，他们的房子较大，带有围栏，有些没有公共交通。此类社区对很多单身人士来说吸引力不大，在他们眼中，这样的社区是孤立的。随着所有"小东西"（如小户型房子）的好处越来越受到人们的推崇，那些将注意力转向单身人士独特需求的建筑师和设计师，将从人们眼中的这一新兴市场中获益。政府也应该明智地考虑未来单身人士的安置问题，因为越来越多的人选择独居或已经在独居，而这将影响我们的社区面貌。

单身人士正在努力改变自己的生活方式。一些老年人会让年轻人和他们住在一起，只要偶尔做些家务或提供陪伴，就可以免交房租或其他费用。这是摆在政府和社区服务机构面前的机会，他们可以为这些项目提供便利，满足两类人的需求，而这两类人——买不起房的年轻人和需要赡养的

---

[1] 此处专指雇主为员工缴纳的部分。

老人，通常都是单身。

许多单身母亲在抚养孩子、打理家庭生活方面也极具创新性。有些人选择搬家，和情况类似的其他人做邻居或合租。然而，"理想"的家可能与目前的标准不同，且更有可能得到有关部门的批准。例如，青年旅社式的安排可能更适合单身人士。为了不让人联想到寄宿公寓的生活，设计上可以巧妙地提供隐私和独处空间，同时规划厨房、图书室等公共区域。这样的住所不需要很大，也不需要管理者，需要的可能只是经过深思熟虑的设计、再设计或市政部门的重新规划。

许多住宅形式，如很多单身人士选择的公寓，限制了人们对宠物的饲养[124]。宠物是很好的陪伴者，它们也能够成为保护者，鼓励主人活跃起来，带他们走出家门，与社区建立联系。能够饲养宠物的条件很重要，这一点对独居的人来说或许尤为关键。因此，从健康和经济角度出发，我们都应该重新考量住宅对宠物的限制。

学术盲点

很明显,学术界对单身人士的关注仍然很少,在理解这一重要群体方面也存在着明显的空白。对单身人士及其生活的研究不仅属于社会科学领域,也是经济学家、建筑师、市场营销人员和设计师应该考虑的领域。目前,许多社会科学研究中存在一种主要的假设,即假定人们有结婚或拥有亲密关系的愿望。

2017年,《哈佛商业评论》发表了一篇题为《"野心—婚姻"权衡:太多单身女性面临的难题》的文章[125],报道了莱昂纳多·布尔什藤(Leonardo Bursztyn)、托马斯·藤原(Thomas Fujiwara)和阿曼达·帕莱斯(Amanda Pallais)即将发表的一项学术研究结果,即"'妻子特质':婚恋市场动机及劳动力市场投资"[126]。该研究声称,单身女性会调整自己的行为,以便在"婚恋市场"上更受欢迎。你可能会问这里的婚恋市场是什么。在这项研究中，婚恋市场被认为是女性和男性一起工作的场所。其中的假设是，单身女性想结婚，而和她们一起工作的男性很有可能成为结婚对象。这一点并没有被质疑——调查的参与者甚至没有被问及是否想结婚。除此之外还有一点假设，即假设女性对男性感兴趣。

单身女性不愿采取有助于事业的行动，是因为不愿在婚恋市场上表现出不受欢迎的个人特质——这一研究结论在涉及单身生活时存在巨大的盲点。这是一个值得关注的问题，因为这样的研究很可能会以完全错误的方式影响职业发展项目。这项研究的规模可能很小，但其影响很大。指出这些盲点，符合所有人的利益。

越来越多的领导者开始承认，能够被衡量，也就意味着能够被了解。目前针对单身人士的衡量标准还很少，因此我们对单身生活的了解也很少。我们都应该更多地了解单身人士的生活和需求，因为即便是现在有伴侣的人，也无法保证自己在将来的某个时候不会一个人生活。

一个包容的社会

有人可能会说,工作场所或政府政策没有必要考虑单身人士。他们声称单身是个人选择,任何消极影响都只是必然付出的代价。事实上,很多人并非自愿选择单身。相反,他们选择的是婚姻和孩子。这些数据告诉我们,我们应该将单身人士和家庭放在同等重要的位置上,只有这样,我们才有机会创造一个能够拥抱所有人的包容性社会。

第六章

美好生活

仅仅关注幸福，就等于否定了所有其他情感，
而这些情感塑造了我们，共同构成了所谓的完整生活。

生命的价值

许多人对单身人士的态度与对单身者生命价值的看法有关，他们认为单身人士的生命价值低于其他人。事实上，单身人士没有在政府政策中得到优先考虑、仍面临社会排斥（通常是隐性的，但有时不是），且学术界对这一庞大群体的关注甚少，都在某种程度上证实了单身者生命价值更低的观点。

价值与事物的重要性或实用性有关，但它通常指的是商业价值或货币价值。我们谈论生命价值时，可以从哲学或人道主义的角度来讨论，或者相反，从经济学的角度来讨论。用经济衡量生命价值似乎很残酷。我承认，即便作为一名律师，这也是我不愿承认的领域。但现实是，大多数时候，它为我们制定政策、提供产品和服务奠定了基础。

在事故赔偿中，按照美元计算，一条生命的价值从一百万美元到九百万美元不等。为无价的东西制定价格是必要的，尤其是当政府需要确定高成本监管的好处时[127]。你的生命有多大价值取决于你是谁，同样重要的是，你住在哪里。大多数律师都知道20世纪70年代福特斑马（Ford Pinto）的案例，制造商在统计后，选择继续让有缺陷的汽车上路——福特公司衡量了潜在的生命成本，决定不召回这些汽车。在造成数起死亡事故后，有关计算的细节被公之于众，许多人震惊于福特公司冷酷无情的决策。

这种评估方法是我们不愿知道的，因为很多人从本质上相信，无论需要付出怎样的代价，所有人的生命都是重要的，且高于一切。然而，在有些情况下，你不得不做出艰难的选择。伦理课程经常假设各种场景，讨论谁的生命更重要这一棘手的问题。例如，船正在下沉，你只能在船上的另外两个人中救一个。一个老年人，一个年轻人。你会如何选择？如果那个老年人是你的祖母呢，这会影响你的选择吗？如果另外一个人是得了诺贝尔奖的科学家呢，你还会握着祖母的手吗？如果你的祖母得了绝症，很快就会死去，你会改变自己的想法吗？你没有选择的那个人会在你的孩子面前淹死，这会改变一些什么吗？没错，这可能很复杂。

为人父母的社会地位

在西方社会，父母往往被优先考虑，他们获得了某种程度上的尊重，这一点体现在他们的社会地位上。政府政策会更重视他们，将这视为某种社会福利。在工作或其他场合，父母也能得到更多的照顾和便利条件。从根本上说，这是一件好事，但有时这是以牺牲对他人，比如单身人士的尊重为代价的。

单身人士时常觉得，在时间这一点上，他们往往是最不受重视的。2008年，珍妮特·纳波利塔诺（Janet Napolitano）被提名为美国国土安全部部长时，宾夕法尼亚州前州长埃德·伦德尔（Ed Rendell）表示："简是这个职位的完美人选。因为这份工作没有生活可言。简没有结婚，很适合。不夸张地说，她可以每天工作十九、二十个小时。"[128]

劳拉·卡罗尔（Laura Carroll）是一名作家，也是选择无子女生活的主要倡导者。在《关于职场无子女人群的残酷真相》一文中，她指出，职场文化将照顾孩子视为工作之外最有价值的个人事务[129]。SavvyAuntie.com 网站创始人、《另一种生活：现代女性寻求的全新快乐》[130]（*Otherhood:*

Modern Women Finding a New Kind of Happiness）的作者梅拉妮·诺特金（Melanie Notkin）对此表示赞同，她指出："很少有人认为无子女员工也在工作之外拥有个人生活，有些人可能会想，'有什么需要平衡的呢'。"

当我们用计算经济学的方法来衡量生命价值时，会发现我所认为的"单身惊喜"。让我来解释一下。单身人士没有孩子的可能性更高，相比有孩子的人，他们更有可能持续地工作。即便单身人士有孩子，他们也更有可能继续从事有薪工作。因此，单身人士对经济发展的贡献是稳定且显著的。如果没有单身人士的力量，经济车轮的转动速度会慢得多。

生命的意义

当然，关于生命价值的探讨还有更多哲学层面的内容，它们直指生命意义的核心。如果认为生命就是繁衍后代，那么成为父母就是值得赞颂的。然而，如果生命还关乎其他内容，比如个人影响力，内容包括它有多积极的意义以及有多少人会被影响，那么没有孩子的单身人士将拥有更多体现生命价值的机会。

关于生命意义的看法各不相同。在这一点上，人们永远无法达成共识，但对生命价值的评估还将持续下去，且往往与孩子有关。我们能在报纸标题及其他媒体的报道中发现这一点。长期以来，当澳大利亚主流媒体报道自然灾害或悲剧时，我总能在其中听到刺耳的声音——虽然死亡人数达到数百人，但如果其中两个是澳大利亚人，他们的死亡就会被格外重视，而一个遥远地方多人死亡的信息甚至可能不会在头版出现。不仅如此，如果这两个人中有一个人是母亲，那么报道几乎都会不可避免地聚焦于社会如何失去了一位母亲。在她一生的几乎所有特质中，"成为母亲"会占据她的死亡故事的全部。

此类报道也能在某种程度上证实单身人士的生命并没有那么有价值。原因显而易见：我们会想到那个在没有母亲的情况下长大的孩子，而这会触动我们。这当然不是一件坏事，但从属于他人的生命可能也不是一件好事。这样的报道将父母的地位抬至一切之上，传达出一个关于个人生命价值的强烈信息：单身人士的生命似乎不那么有价值。反过来说，当生命结束时，他们对社会造成的损失也更小。

当我们看到并非所有孩子都能长成优秀的成年人时，就会发现这一点尤为不公平。有些人（我们希望是极少数）可能会对社会造成严重破坏。没有哪个父母能够准确知道自己的孩子成年后会怎样。坦率地说，大多数人都希望尽自己最大的努力，获得最好的结果。然而，尽管如此，人们还是认为一个人独自养育孩子所做出的贡献值得关注。

还是那句话，我们必须解决生命的目的是什么这一棘手的问题，以便弄明白如何评价一个人，以及这种评价方法要如何改变。在我们有足够的勇气做出改变之前，我们的头条新闻将继续告诉单身的人，如果船要沉了，他们很有可能不会得到救助。

何为美好生活

对单身人士及其生活价值负面看法的核心,是关于何为美好生活的问题。对很多人来说,这完全是一个个人问题,且随着时间的推移,看法会改变或至少会不断修正。以前人们可能认为,晚年躺在门廊摇椅上度过就是美好生活,而现在的评估似乎更频繁,而且人们急不可耐地想一直过着美好的生活。

虽然人们对何为美好生活这一问题没有达成共识,但很多群体拥有共同的信念,形成了某种可能极有影响力的观点。比如,宗教在塑造人们的观点方面发挥了非常大的影响。它告诉我们如何让自己的生命更有价值,如何确保自己过上美好生活(并因此得到回报)。然而,随着宗教的影响力逐渐减弱,尤其在面对离婚时,人们不得不重新思考甚至重新定义美好生活对自己来说意味着什么。

许多人仍然认为美好的生活应当包含繁殖，不过他们可能会将其表述为繁衍、基因延续或创造生命。这些人很难理解那些不生孩子的人的生活意义或生活目的。宗教教义通常坚定秉持或强烈支持这类立场，这让一些单身人士不知所措，不知要如何调和自己的信仰和生活。可以说，目前的文化普遍支持为人父母是生活的最终目的。

但也有其他观点。有些人坚持所谓的"黄金法则"：希望他人怎样对待自己，就怎样对待他人。如果你能遵循这一法则，生活就会很美好——但即使是最优秀的人也会违反法则。另一些人将美好生活视为奉献。在天主教内部，修士和修女就过着为他人服务的生活，保持单身，尽管天主教强烈支持不受节育限制的繁衍。那些没有宗教信仰的人，可能会从更宽泛的角度思考，将美好生活视为投身于公共利益。

教育行业或制定政策的人常把发挥个人潜力视为美好生活的标志。除此之外，还有"永久遗产"的概念：有些人希望大胆改变世界并因此被铭记，另一些人的野心更温和，只是希望改善自己的命运。随着环保意识的增强，有一种越来越普遍的看法，即认为美好生活意味着将对地球的影响降到最小，善待地球。另一些人的生活更倾向于以目标为导向，美好生活意味着成功、财富或完成遗愿清单——只要完成了清单上的事项，就实现了美好生活，没有遗憾。还有一些人的看法很简单：他们活着是为了享受美好时光，快乐就好。

这些关于美好生活的看法，没有一个是必然正确的，也没有一个是肯定错误的。它们只是从各自优先的角度出发，考量了一个人的生活。问题是，单身是否意味着注定无法过上美好的生活？除了"美好生活就是为人父母"外，大多数观点都适用于没有孩子的单身人士。事实上，单身意味着一个人更有可能过上美好生活。然而可悲的是，许多关于单身人士的负面看法，可能会让他们认为自己的生活缺少价值，或不值得拥有美好的生活。

美好生活的定义并不是唯一的，我们需要自己发现并决定。

如何看待自己与他人

我们对自己与他人的看法与我们对周围世界的看法有着错综复杂的联系。我们试图理解世界时，通常会采用刻板印象作为分类并理解事物的方式。这意味着我们会迅速给别人贴上标签，不再探究标签以外的东西。例如，当一个人是"单身妈妈"时,她的其他一切都会退居次要地位。如果一个男人是"花花公子",他的其他特质也会被认为是无关紧要的。

澳大利亚原住民领袖诺埃尔·皮尔森(Noel Pearson)曾谈到身份的多重性,及多重身份如何让我们成为一个整体。从这个意义上说,"单身妈妈"只是其中一个层次。我认识的一位单身母亲曾对我说"我仍然很保守,每周日都去教堂",就好像她不得不证明这二者并不矛盾一样。

有些人很难理解皮尔森。他作为澳大利亚原住民的事实,决定了一些人对他的看法,这些人质疑他为什么会参与更广泛的政治事务。另一些人知道他是一位律师,曾争取原住民的土地权,于是这些人会质疑他如何参与教育改革。皮尔森也曾谈到自己身份的多重性。

2006年,皮尔森在布里斯班节[1]上发表了题为《多重身份与和平》的演讲。他在演讲中表示,他一直认为,在澳大利亚,我们深受单一的身份概念之苦[131]。他指出了主流大众在身份理解方面存在的两大问题。首先,通常因为某些显著的特征,如种族或宗教,社会中某一群体的身份被

---

[1] 澳大利亚一年一度的艺术文化节活动。

认为是单一的。其次，因为群体的共同特征，其中某一个人的身份也被假定为单一的。这种对身份的简化认知方式假定了一种单一的从属关系。

皮尔森总结道——

> 在一个成熟的社会中，个人最终会根据对社会中所有从属关系的推理，排列出最具竞争性的从属关系。政策制定面临的挑战就是提供对这种分层从属关系的理解，以及如何让这种理解与多样性及民族统一性保持一致。

如果我们要从对一个人的单一看法转向对一个人的更全面的理解，就需要意识到，单身或为人父母不一定是一个人生命中最重要的特征，也不一定是判断一个人是否成功或是否拥有美好生活的基础。

有时我会被介绍为"前银行业者"，这影响了人们对我的看法，似乎我很有钱、善于剥削且很狡猾。然而事实是，我是银行的雇佣律师，始终关注着人们的权益。后来我开始管理所谓的诚信工作室，从更广泛的角度审视银行和金融业的道德行为。我扮演的角色与《华尔街》[1]中的戈登·盖柯（Gordon Gekko）相去甚远，但经过一句简单的介绍，我就发现自己被贴上了同样的标签。

对身份的狭隘看法可能会引发分歧并带有政治色彩。我们看到，人们会基于身份认同的某一方面（如种族或宗教）而相互对立。这种简化的方法会导致人与人之间的差异比实际情况更大。然而，承认身份的多重性，我们就可以加深对人的理解，有更多的机会与周围的人产生联结，彼此支撑。

对幸福的无尽追求

我的父母都不记得他们自己的父母谈论过幸福，反过来，我也不确定我听过他们谈论自己的幸福。但是，我在其他地方听到过很多关于幸福的事。

幸福常常不仅是一种追求，也是一种期待，它的缺失引起了人们的极大质疑，以至于近年来出现的包含书籍、演讲及静修的幸福产业，让我们变得更不满足，甚至更不快乐了。听到越来越多振奋人心但又稍纵即逝且难以捉摸的事情，会让人们对自己的生活产生某种失望情绪，他们会

---

[1] 1987年出品的美国电影，戈登·盖柯是电影中人人敬畏的金融大亨。

问:"我为什么不开心?我做的每件事都是对的,但我还是不开心。这是为什么呢?"最后,他们会说"我会幸福的,只要我……"

澳大利亚心理学家、社会研究员休·麦凯在其《美好生活》(The Good Life)一书中很早就警告读者,如果他们希望找到一本关于如何得到治愈或获得幸福的书,那么他的书并不适合[132]。事实上,出于对所有人的关心,麦凯谨慎地批评了"幸福产业"。作为澳大利亚心理学会的一员,麦凯与成千上万的人进行过交谈,完全有能力为我们提供有益的建议。在《归属的艺术》(The Art of Belonging)一书中,麦凯进一步发展了《美好生活》中的观点,提出美好生活并不是孤立的,也不是通过追求独立的目标能够实现的[133]。相反,美好生活存在于繁荣社会的中心,存在于我们信任的人及相互尊敬的环境之中。

读麦凯的文字时,吸引我的是他对父母的警告。他强调,希望孩子们幸福是衡量美好生活的一种过于狭隘的标准。相反,他说我们应该期待更多。做一个称职的父母,就是养育一个能够应对人类不同情绪的孩子,这些情绪包括愤怒、失望、绝望,也包括兴奋、喜悦——没错,还有幸福。

我们会在日常生活中经历一系列情感，有些令人恐惧，有些难以应对，有些似乎不合情理。有时，我们的感受会让我们变得复杂：我们宁愿没有感受，但又想拥有更多其他的东西。然而，仅仅关注幸福，就等于否定了所有其他情感，而这些情感塑造了我们，共同构成了所谓的完整生活，在最好的情况下，它们可以成为美好生活的代表。事实上，有些人表示，正是因为经历了艰难、绝望或痛苦，他们才真正觉得自己活着。他们藉此获得了更强的同理心和理解他人的能力，你要是以不经历苦难来换取他们放弃这些收获，他们还不愿意呢。

作为人类，我们深切地需要被理解、被认真对待。这需要理解一个人的身份，明白他们如何在一生中体验各种情感。但我们似乎常囿于对情感过分简单化的理解，把它们分为重要的和不重要的两种。幸福感的提升会让我们质疑自己的生活是否美好，但从什么时候起，一切的评价标准变成了幸福感呢？仅从幸福的角度来看，很少有人能说自己过得很好。这给了我们更清晰的理由，去探究身为人的意义，探究美好生活的含义。

后悔之事

我们可以从前辈那里学到很多,他们对几十年来不同人的生活进行了关注。作为康奈尔大学遗产研究项目的一部分,康奈尔大学人类发展学教授、康奈尔人口老龄化转化研究所创始人卡尔·皮勒默(Karl Pillemer)采访了数千名六十五岁以上的老年人。2011年,他在《没有虚度的人生》(30 Lessons for Living)一书中总结了这些发现[134]。令他惊讶的是,受访者得出的主要的教训是"少焦虑"和"努力接受"。我们最好留意这些被皮勒默称为"专家"的人所说的话。

2015年,英国面向老年人进行的"后悔之事"的全国调查表明,"与朋友失去联系"和"在错误的伴侣身上浪费时间"占据前三席中的两席,另一项是"去旅行的次数太少"[135]。2011年,姑息疗法护士布朗尼·韦尔(Bronnie Ware)发布的博文及随后出版的《临终前五大遗憾》(The Top Five Regrets of the Dying)一书也非常吸引人。她发现最普遍的遗憾是"我希望自己有勇气去过真正想要的生活,而不是其他人希望我过的生活"。在我看来,这样简单的陈述对我们所有人来说都有意义。

共通的人性

我的父亲是一位组织心理学家,也是澳大利亚心理学会的成员,我和他聊起如何看待生活,怎样才能过上美好的生活。他听了我的想法(就像所有优秀心理学家会做的那样),说了自己的建议,留我去思考。回来的时候,他带着一本书,那本书的封面我从小就认识——盖尔·希伊(Gail Sheehy)1976年出版的《人生历程》(*Passages*)[136],那一年我正好出生。在我们住过的所有房子里,这本书一直被放在书架上。

《人生历程》曾被美国国会图书馆誉为当代最具影响力的十大书籍之一,在出版四十年后的今天,仍然很有意义。希伊从不同的人生阶段写起,提供了一种看待成年生活的革命性方式。她在书中写到"挣脱牢笼""结婚冲动""而立之年""婚姻矛盾、单身污点、情绪波动""人到四十"以及"重生"。在她看来,每一个阶段,我们都在不断成长。

是的,不用多说,我的父亲就已经让我明白,这一切都曾有人思考。希伊证实,在危机中,我们可以充分发挥自己的潜力。她自己的生活经历——有时单身且作为单身母亲生活——是她对自己所谓的"成人状态"研究的核心。

当然，还有很多文本和理论能够解释我们的动机，我们会怎样生活，是富足安乐还是勉强度日。尽管毫无疑问还有更多需要了解的东西，但今天的我们，比以往任何时候都更了解我们的健康和心智。可以肯定的是，与其因差异而彼此分离，不如基于共通的人性联结在一起。

在研究和创作这本书的过程中，我试图让大家注意到我们在思考成年生活和生命价值时存在的盲点。我相信，为了充分重视每个人，赞颂使我们——包括单身人士——成为自己的独特之处，我们有必要对身份进行一种去简单化的全面理解，接受人类的各种情感。也许到那时，当一位单身人士走进餐厅，服务员询问有几个人就座时，他们不必带着歉意地说"只有"，而只需要说出——"一个人"。

后记

我的想法会在各种各样的地方出现。我在曾放在衣柜里的一张小桌子旁写下了这本书。当我沿着悉尼的巴尔莫勒尔海滩游泳,水温随着寒冷的空气慢慢下降,充满活力的潜水变成缓慢的下沉时,我在思考。在海湾大桥阴影下的北悉尼游泳场中游泳,或为了完成其他工作,往返于城市之间的火车上时,我在思考。当我在这个被自己称为家的城市起飞或降落时,我反复思考着自己的手稿。随后大量的校对及编辑工作都在帕兹角的福拉特利·帕拉迪索餐厅(Fratelli Paradiso)里完成,这里有能让我坚持下去的重要元素——欧洲人、糕点和美味的咖啡,能被这些围绕,对我来说是一种暂时的解救和奖励。

我人生中有许多重要的事,完成本书可以算得上一项个人成就,但促使我写这本书的原因,是我坚信现在比以往任何时候都更需要这些见解。

致谢

感谢我的朋友科莱特和玛戈，在悉尼一个阴冷、潮湿的3月，是他们鼓励我提出了写这本书的想法。感谢萨莉·希思的迅速回应，以及接受我的提案时的开放心态——即便当时她已经结婚。感谢我的文字编辑保罗·斯米茨，他教会了我更多的写作技巧。

感谢诺埃尔·皮尔森和休·麦凯。毫无疑问，他们的著作对我产生了巨大的影响。同样感谢杰曼·格里尔和安妮·萨默斯，他们大胆而坚持地进行着自己的研究。

本书内容得益于贝拉·德保罗的研究和创作。我欣赏她对这一主题的奉献精神和她分享自己研究成果的开放心态。

我也要感谢米娅，她和我一起工作，她的经验启发了我的思考。这无疑是一个很好的提醒，永远不要低估年轻人。

如果没有我的父母，我不可能完成本书，也不可能继续其他工作。我意识到自己需要完成的事情时，他们感受到了我的绝望，选择帮助我，给我足够的时间完成所有工作。我必须保证写作速度，每次他们带着我的女儿贝蒂回来时，我都完成了更多工作，是我们一起做到了这些。

感谢贝蒂，我和她分享生活，她为我带来了如此多的欢乐和启发。感谢她容忍我坐在电脑前，不停地敲打着键盘，说着"再给我一分钟"。无论她选择怎样的生活方式，希望这本书都能在某种程度上为她提供引导。

成为作家一直是我的愿望。在写这本书之前，我当过律师、马拉松游泳运动员，也成了一名母亲，毫无疑问，正是这些经历，造就了我的美好生活。

参考资料

第一章 谁才是正常的？

1. 在帕兹角，50%的家庭只有一间卧室：Australian Bureau of Statistics, 2016, Census QuickStats, Potts Point, Code SSC13256 (SSC), http://www.censusdata.abs.gov.au/census_services/getproduct/census/2016/quickstat/SSC13256。

2. 这一数字在沃龙加仅为3%：Australian Bureau of Statistics, 2016, Census QuickStats, Wahroonga, Code SSC14085 (SSC), http://www.censusdata.abs.gov.au/census_services/getproduct/census/2016/quickstat/SSC14085。

3. 独居人群也被视为最重要的"新兴群体"：.idcommunity, 2016, 'Australia—community profile: regional NSW', http://profile.id.com.au/australia/households?WebID=180。

4. 21世纪是一个"单身时代"：DePaulo, Bella, 2017, 'More

people than ever before are single—and that's a good thing', The Conversation, 24 April, http://theconversation.com/more-people-than-ever-before-are-singleand-thats-a-good-thing-74658。

5. 独居人群数量的惊人增长是我们始料未及、未能命名及定义的最大的社会变化: Taliotis, Xenia, 2015, 'A singles economy', *Economia,* 17 July, http://economia.icaew.com/features/july-2015/a-singles-economy。

6. 它会改变市场，也会改变我们的生存和死亡: Klinenberg, Eric, 2017, 'Solo living is the new norm. Let's learn to live with it', *The Globe and Mail,* 3 August, https://www.theglobeandmail.com/opinion/solo-living-is-the-new-normlets-learn-to-live-with-it/article35873008/。

7. 单身人士的数量增长是有史以来最显著的人口变化: SBS Insight, 2017, 'Why are more people single? Is it choice or circumstance', 14 February, http://www.sbs.com.au/news/insight/tvepisode/singles。

8. 单人家庭的数量占比已达到有子女家庭的两倍: Chamie, Joseph, 2017, 'The rise of one-person households', Inter Press Service News Agency, 15 November, http://www.ipsnews.net/2017/02/the-rise-of-one-person-households/。

9. 2020年，发达国家的独居人口总数将超过3.31亿人: Taliotis,

Xenia, 2015, 'A singles economy', *Economia,* 17 July, http://economia.icaew.com/features/july-2015/a-singles-economy。

10. 2014年，中国有6600万单人家庭: Roberts, Marcus, 2016, 'China's growing number of one-person households', Mercatornet, 18 July, https://www.mercatornet.com/demography/view/chinas-growing-one-person-household/18353。

11. 单人家庭的数量增长了近一倍，占全部家庭数量的27.7%，约3500万人: Bachman, Daniel, and Akrur Barua, 2015, 'Single-person households: another look at the changing American family', 12 November, https://dupress.deloitte.com/dup-us-en/economy/behind-the-numbers/single-person-households-and-changingamerican-family.html。

12. 单人家庭数量的增长是英国社会几十年来发生的最重大的变化之一: Taliotis, Xenia, 2015, 'A singles economy', *Economia,* 17 July, http://economia.icaew.com/features/july-2015/a-singles-economy。

13. 2005年至2015年，英国单亲家庭的数量增长了18.6%: Office for National Statistics, 2016, 'Families and households in the UK: 2016', November, https://www.ons.gov.uk/peoplepopulationandcommunity/birthsdeathsandmarriages/families/bulletins/familiesandhouseholds/2016。

14. 无子女夫妇数量的增长速度快于有子女夫妇: Statistics Canada, 2017, 'Families, households and marital status: key results from the 2016 Census', August, http://www.statcan.gc.ca/daily-quotidien/170802/dq170802a-eng.htm?HPA=1。

15. 典型的澳大利亚人是三十八岁、已婚且有两个孩子的女性: Australian Bureau of Statistics, 2017, 'Census reveals the "typical" Australian', April, http://www.abs.gov.au/ausstats/abs%40.nsf/mediareleasesbyCatalogue/5E54C95D3D5020C6CA2580FE0013A809?OpenDocument。

16. 这就意味着至少40%的人可能是单身: Australian Bureau of Statistics, 2017, 2071.0, 'Census of population and housing: reflecting Australia—Stories from the census, 2016', June, http://www.abs.gov.au/ausstats/abs@.nsf/mf/2071.0。

17. 在澳大利亚，结婚的人越来越少，离婚的人越来越多: Australian Bureau of Statistics, 2016, 203310.0, 'Marriages and divorces, Australia, 2015', November, http://www.abs.gov.au/ausstats/abs@.nsf/mf/3310.0。

18. 单人家庭的数量将达到总数的65%，这意味着会增加约430万个单人家庭: Australian Bureau of Statistics, 2015, 3236.0, 'Household and family projections, Australia, 2011 to 2036', March, http://www.abs.gov.au/ausstats/abs@.nsf/Latestproducts/3236.0Main%20Features42011%20to%202036?opendocument&tabname=Summary&pr

odno=3236.0&issue=2011%20to%202036&num=&view=。

19. 单亲家庭的数量将增加70%：Australian Bureau of Statistics, 2015, 3236.0,'Household and family projections, Australia, 2011 to 2036', March, http://www.abs.gov.au/ausstats/abs@.nsf/Latestproducts/3236.0Main%20Features42011%20to%202036?opendocument&tabname=Summary&prodno=3236.0&issue=2011%20to%202036&num=&view=。

20. 2020年，全球十大单人家庭国家中将有四个在亚洲：Euromonitor International, 2012, Special report: rise in singleperson households globally impacts consumer spending patterns, Euromonitor International, London。

21. 三十岁以上女性的未婚比例从1995年的20%上升至2012年的60%，与此前相比出现了大幅增长：*The Economist,* 2012, 'The attraction of solitude', 25 August, http://www.economist.com/node/21560844。

22. 2002年至2014年，中国的离婚率几乎翻了三倍：Roberts, Marcus, 2016, 'China's growing number of one-person households', Mercatornet, 18 July, https://www.mercatornet.com/demography/view/chinas-growing-one-person-household/20970。

23. 截至2015年，中国的单身总人口接近两亿人：Yiying, Fan, 2017, 'China's Youth League wants singles to find the one', Sixth

Tone, 19 May, http://www.sixthtone.com/news/1000223/chinas-youth-league-wants-singles-to-find-the-one。

24. 增幅达39%：India TV News Desk, 2015, 'ized71 million single women in India, 39% rise over a decade', India TV News, 14 November, http://www.indiatvnews.com/news/india/71-million-single-women-inindia-39-rise-over-a-decade-55879.html。

25. 东京45.8%的家庭里仅有一人，且单身人数还将持续增加：Editorial, 2014, 'Isolation factor rising in Japan', *The Japan Times,* 19 April, http://www.japantimes.co.jp/opinion/2014/04/19/editorials/isolation-factor-rising-in-japan/#.WX5W1dOGOSM。

26. 改变着人们对于人生优先事项及亲密关系的看法：Yeung, Wei-Jun Jean, and Adam Ka-Lok Cheung, 2015, 'Living alone: one-person households in Asia', *Demographic Research,* vol. 32, article 40, pp. 1099–112, https://www.demographicresearch.org/volumes/vol32/40/default.htm。

27. 人们愿意投入更多的资金独自生活：Henderson, Tim, 2014, 'Growing number of people living solo can pose challenges', The Pew Charitable Trusts, 11 September, http://www.pewtrusts.org/en/research-and-analysis/blogs/stateline/2014/09/11/growing-number-of-people-living-solo-canpose-challenges。

28. 越来越多的人会为个人隐私、个性自由及按照个人喜好生活的自由付费: Chamie, Joseph, 2017, 'The rise of one-person households', Inter Press Service News Agency, 15 November, http://www.ipsnews.net/2017/02/the-rise-of-one-person-households。

29. 更有可能成为专业人士: de Vaus, David and Lixia Qu, 2015, 'Demographics of living alone', *Australian Institute of Family Studies,* Australian Family Trends, March, no. 6, https://aifs.gov.au/publications/demographics-living-alone。

30. 独居是"社会差异"的标志之一: ReviseSociology, 2016, 'Sociological perspectives on single person households', 21 January, https://revisesociology.com/2016/01/21/sociological-perspectives-on-single-person-households/。

31. 单人家庭数量的增长是具有广泛影响的重大全球人口转型: Chamie, Joseph, 2017, 'The rise of one-person households', Inter Press Service News Agency, 15 November, http://www.ipsnews.net/2017/02/the-rise-of-one-person-households。

32. 孤独被定义为一种孤立感,而这并不是那些独自生活的人所独有的: Henderson, Tim, 2014, 'Growing number of people living solo can pose challenges', The Pew Charitable Trusts, 11 September, http://www.pewtrusts.org/en/research-and-analysis/blogs/stateline/2014/09/11/growing-number-of-people-living-

solo-canpose-challenges。

33. 他们更喜欢外出就餐、去健身房锻炼、上课、参加公共活动或参与志愿服务：AP/Reuters, 2016,'Singles'day: Alibaba posts record sales as Chinese e-shoppers spend billions', ABC News, 12 November, http://www.abc.net.au/news/2016-11-12/alibaba-posts-recordsingles-day-sales/8019900。

34. 该基金会向阿联酋近400位新婚人士提供了1500万迪拉姆（约400万美元）的资助：The National staff,'UAE Marriage Fund issues grants to newlyweds', The National, 31 December, http://www.thenational.ae/uae/government/uae-marriage-fund-issues-grants-to-newlyweds。

35. 这一举措对结婚率或离婚率均没有明显影响：Covert, Bryce, 2014,'Nearly a billion dollars spent on marriage promotion programs have achieved next to nothing', Think Progress, 11 February, https://thinkprogress.org/nearly-a-billiondollars-spent-on-marriage-promotion-programs-have-achievednext-to-nothing-e675f0d9b67。

36. 澳大利亚的新婚夫妇一度可获得由纳税人负担的200美元婚姻咨询券：News Corp Australia Network, 2015,'Federal Government spent $2.5m administering failed marriage counselling voucher scheme', news.com.au, 14 April, http://www.news.com.au/lifestyle/

relationships/marriage/federal-government-spent-25m-administering-failed-marriage-counselling-voucher-scheme/news-story/2118928731 6a389bae711c04798f9567。

37. 协调爱情与婚姻: Yiying, Fan, 2017, 'China's Youth League wants singles to find the one', Sixth Tone, 19 May, http://www.sixthtone.com/news/1000223/chinas-youth-league-wants-singles-to-find-the-one。

38. 前五分钟就突破了十亿美元大关: AP/Reuters, 2016, 'Singles' day: Alibaba posts record sales as Chinese e-shoppers spend billions', ABC News, 12 November, http://www.abc.net.au/news/2016-11-12/alibaba-posts-recordsingles-day-sales/8019900。

39. "当代生活的墙纸": DePaulo, Bella, 2008, 'Singlism and matrimania in everyday life', Psychology Today, 29 April, https://www.psychologytoday.com/blog/living-single/200804/singlism-and-matrimania-in-everydaylife。

40. 年轻人和父母住在一起的时间变长了: Hermant, Norman, 2015, 'Almost all my friends live at home: adult children living with parents becoming normal in Australia', ABC News, 16 December, http://www.abc.net.au/news/2015-12-16/adult-children-living-with-parents-normal-in-australia/7029482。

41. 人们的观念有了很大的转变: Vespa, Jonathan, 2017, 'The changing economics and demographics of young adulthood:

1975–2016', Current Population Reports, The United States Census Bureau, April, https://www.census.gov/content/dam/Census/library/publications/2017/demo/p20-579.pdf。

42. 与现实中手术室的无菌环境相去甚远: Stinson, Elizabeth, 2017, 'Hey Instagram, don't tell me when to freeze my eggs', Wired, 12 April, https://www.wired.com/2017/04/hey-instagram-dont-tell-freeze-eggs/。

43. 这就是这一行业因误导性和侵略性而受到公开批评的原因: Morris, Madeleine, 2016, 'IVF industry criticized for misleading claims, aggressive marketing', ABC News, 9 February, http://www.abc.net.au/news/2016-02-09/ivf-industry-criticised-overmisleading-claims/7152508。

44. 很多人会在退休后的某段时间（即便不是全部时间）里独自生活: LaPonsie, Maryalene, 2016, 'Many women will be single in retirement. Are you ready?', U.S. News, 23 September, http://money.usnews.com/money/personal-finance/articles/2016-09-23/many-women-will-be-single-in-retirement-are-you-ready。

45. 她的出现被认为是不吉利的: Majumdar, Swapna, 2010, 'India's single women resist stigma, demand rights', We.News, 8 January, http://womensenews.org/2010/01/indias-single-women-resist-stigma-demand-rights/。

46. 塑造我们对自己以及人生道路的看法: Williams, Kipling D, and Steve A Nida, 2011, 'Ostracism: consequences and coping', Purdue University, 10 May, http://www.purdue.edu/newsroom/research/2011/110510WilliamsOstracism.html。

47. 已婚候选人更有可能赢得更高的职位: Friedersdork, Conor, 2011, 'Married to a politician', *The Atlantic,* 4 April, https://www.theatlantic.com/politics/archive/2011/04/married-to-a-politician/73390/。

48. 在家中"温馨的混乱"里拍摄的照片: Toller, Carol, 2015, 'At home with Liberal leader Justin Trudeau and his family', *Hello Magazine,* 20 October, http://ca.hellomagazine.com/celebrities/02014101710545/at-home-with-liberal-leader-justin-trudeau-and-his-family/。

49. 对"政治剧本"的完美掌控: Toller, Carol, 2016, 'Ladies' man: inside Justin Trudeau's home, family life and political playbook', Chatelaine, 22 July, http://www.chatelaine.com/living/ladies-man-justin-trudeau/。

50. 和妻子及两个孩子一起站在厨房里: Time.com, 2016, 'A first family album', http://time.com/the-obamas-family-album/。

51. 这些都是令人安心的画面: Atkinson, Emma, 2016, 'Do parents make better political leaders?', BBC News, 12 July, http://www.bbc.com/news/uk-politics-36762082。

52. "飞侠戈登终于安家"：BBC News, 2000, 'Flash Gordon settles down', 3 August, http://news.bbc.co.uk/2/hi/uk_news/scotland/863837.stm。

53. 领导者是否为人父母并不重要：Atkinson, Emma, 2016, 'Do parents make better political leaders?', BBC News, 12 July, http://www.bbc.com/news/uk-politics-36762082。

54. 这暴露了一种或许十分普遍的思维方式：Adam, Karla, 2016, 'Andrea Leadsom says being a mum makes her a safer bet for British PM than Theresa May', *The Sydney Morning Herald*, 10 July, http://www.smh.com.au/world/andrealeadsom-says-being-a-mum-makes-her-a-safer-bet-for-british-pmthan-theresa-may-20160709-gq2b8x.html。

55. "左派人士莱拉·吉丁斯仍在寻找真命天子"：Denholm, Matthew, 2011, 'Leftist Lara Giddings still looking for Mr Right', *The Weekend Australian*, 25 January, http://www.theaustralian.com.au/national-affairs/leftist-lara-giddings-stilllooking-for-mr-right/news-story/6707bdc802248a5db9332899f14ae259。

56. "没有生活气息的厨房"和空空的果盘：Hornery, Andrew, and Bonnie Malkin, 2005, 'Gillard bares all', *The Sydney Morning Herald*, 24 January, http://www.smh.com.au/news/Spike/Gillard-bares-all/2005/01/23/1106415457103.html。

57. "世界上最有权力的女人"：Harris, Paul, 2005, 'How Condoleezza

Rice became the most powerful woman in the world', *The Guardian*, 16 January, https://www.theguardian.com/world/2005/jan/16/usa.paulharris1。

58. 就好像这样可以解释一些事情似的: DePaulo, Bella, 2011, 'Piers Morgan really wants to know why Condi Rice isn't married', Psychology Today, 21 January, https://www.psychologytoday.com/blog/living-single/201101/piers-morgan-really-wants-know-why-condi-rice-isn-t-married。

59. 十分强调被人视为拥有"领导天赋"的重要性: Forbes, Moira, 2014, 'Are you leadership material?', Forbes, 10 July, https://www.forbes.com/sites/moiraforbes/2014/07/10/are-you-leadership-material/#4d91acad25ab。

60. 其中二十六位已婚，一位离异，只有一位从未结过婚: Zweigenhaft, Richard L, and G William Domhoff, 2011, *The New CEOS: Women, African American, Latino and Asian American Leaders of Fortune 500 Companies*, Rowman & Littlefield, Lanham, MD, pp. 28–9。

61. 《四位单身总裁泼冷水: 事业与婚姻并无关联》一文恰好说明了这一点: Derousseau, Ryan, 2015, '4 successful CEOs who throw cold water on the marriage-success theory', *Fortune*, 8 January, http://fortune.com/2015/01/08/unmarried-startup-ceos/。

62. "经济学家并不赞成颂扬婚姻或支持鼓励婚姻的公共政策":

Gorby, Pascal-Emmanuel, 2013, 'Finally, economists acknowledge that they're biased', Forbes, 18 March, https://www.forbes.com/sites/pascalemmanuelgobry/2013/03/18/finallyeconomists-acknowledge-that-theyre-biased/#44b7411f1f57。

63. 研究提到了对已婚人士的偏爱: Hersch, Joni, and Leslie S Stratton, 2000, 'Household specialization and the male marriage wage premium', *Industrial & Labor Relations Review*, vol. 54, pp. 78–94。

第二章　重估独立

64. 献给我的丈夫，是他让一切变成可能：在桑德伯格的丈夫去世后，再读到这句话，难免悲伤。

65. 谈到我们这一代女性的出身（个人独立）与归宿（结婚）之间的紧张关系: Payne, Clare, 2000, 'Post-feminist brides still want to be a princess for a day', *The Sydney Morning Herald*, 3 May。

66. 即假设你拥有伴侣: Luscombe, Belinda, 2017, 'Life after death', Time, http://time.com/sheryl-sandberg-option-b/。

67. 男卑女尊观点最糟糕的一点在于她们真的相信自己不如别人: Stanton, Elizabeth, 1891, 'The matriarchate or mother-age', address to the National Council of Women, February。

68. 她们有意识地想让孩子成为更好的伴侣: Berridge, Clara W, and Jennifer L Romich, 2011, '"Raising him ... to pull his own

weight": boys' household work in single-mother households', PubMed.gov, US National Library of Medicine National Institutes of Health, https://www.ncbi.nlm.nih.gov/pmc/articles/PMC3390248/。

69. 单身人士提供志愿服务的比例都超过了已婚人士: United States Department of Labor, Bureau of Labor Statistics, 2015, 'Table 4: Volunteers by type of main organization for which volunteer activities were performed and selected characteristics', September, https://www.bls.gov/news.release/volun.t04.htm。

70. 他们从没有结过婚，也没有经历过离婚、分居或丧偶: Australian Bureau of Statistics, 2016, 2901.0, 'Census of population and housing: census dictionary', http://www.abs.gov.au/ausstats/abs@.nsf/Lookup/2901.0Chapter40402016。

71. 在世界各地有成千上万的会员: Meetup, 2017, 'Single volunteers', https://www.meetup.com/topics/single-volunteers/。

72. 如帮忙做些家务或提供道义及情感上的帮助: Kahn, JR, BS McGill and SM Bianchi, 2011, 'Help to family and friends: are there gender differences at older ages?', *Journal of Marriage and Family*, vol. 73, pp. 77–92。

73. 单身人士更有可能定期（超过三个月）照顾病人、残疾人或老年人: Henz, U, 2006, 'Informal caregiving at working age:

effects of job characteristics and family configuration', *Journal of Marriage and Family*, vol. 68, pp. 411–29。

74. 这种期望"由来已久且普遍存在": Simpson, R, 2003, 'Contemporary spinsters in the new millennium: changing notions of family and kinship', London School of Economics, Gender Institute, New Working Papers Series。

75. 只考虑了那些有偿的劳动: PwC, 2017, 'Understanding the unpaid economy', March, http://www.pwc.com.au/australia-in-transition/publications/understanding-the-unpaid-economy-mar17.pdf。

76. 在美国，情况更加严重: Kelly, Maura, 2012, 'Singled out: are unmarried people discriminated against?', The Daily Beast, 2 June, http://www.thedailybeast.com/articles/2012/02/06/singled-out-are-americas-unmarried-discriminated-against?source=dictionary。

77. 美国有超过1000条法律专门为已婚人士提供法律及经济上的福利: Arnold, Lisa, and Christina Campbell, 2013, 'The high price of being single in America', The Atlantic, 14 January, https://www.theatlantic.com/sexes/archive/2013/01/the-high-price-of-being-single-in-america/267043/。

78. 独居人数更多的城市有更繁荣的公共文化: Klinenberg, E, 2012, *Going Solo: The Extraordinary Rise and Surprising Appeal of Living Alone*, Penguin Press, New York。

79. 未婚女性在医疗、税收等方面的支出比已婚女性多出100万美元: Arnold, Lisa, and Christina Campbell, 2013, 'The high price of being single in America', The Atlantic, 14 January, https://www.theatlantic.com/sexes/archive/2013/01/the-high-price-of-being-single-in-america/267043/。

第三章 苛刻的观点

80. 社会心理学家贝拉·德保罗: 在她的著作 Singlism (2011, DoubleDoor Books, Chicago)中, 德保罗提供了许多背景资料, 详细介绍了所引用研究的方法。

81. 比起单身人士, 已婚人士更显"成熟": DePaulo, BM, and WL Morris, 2006, 'The unrecognized stereotyping and discrimination against people who are single', Current Directions in Psychological Science, vol. 15, pp. 251–4. Also available in DePaulo's book Singlism: What It Is, Why It Matters, and How to Stop It (2011, DoubleDoor Books, Chicago)。

82. 认为已婚人士比单身人士更"稳定"的观点尤其令人惊讶: Amato, Paul R, 2010, 'Research on divorce: continuing trends and new developments', Journal of Marriage and Family, June, http://onlinelibrary.wiley.com/doi/10.1111/j.1741-3737.2010.00723.x/abstract?systemMessage=Wiley+Online+Library+will+be+disrupte

d+3+Sep+from+10-12+BST+for+monthly+maintenance。

83. 有时也会超过30%：Australian Bureau of Statistics, 2016, 3310.0, 'Marriages and divorces, Australia, 2015', November, http://www.abs.gov.au/ausstats/abs@.nsf/mf/3310.0。

84. 单身人士被如此描绘的情况只有2%：DePaulo, BM, and WL Morris, 2006, 'The unrecognized stereotyping and discrimination against people who are single', *Current Directions in Psychological Science,* vol. 15, pp. 251–4. Also available in DePaulo's book Singlism: *What It Is, Why It Matters, and How to Stop It* (2011, DoubleDoor Books, Chicago)。

85. 四分之一处于适育年龄的女性并不会要孩子：Australian Bureau of Statistics, 2002, 4102.0, 'Australian social trends', http://www.abs.gov.au/AUSSTATS/abs@.nsf/bb8db737e2af84b8ca2571780015701e/1e8c8e4887c33955ca2570ec000a9fe5!OpenDocument。

86. 刻意选择不生孩子的人，根本就不知道生活是什么：Summers, Anne, 2012, 'Gillard under fire from sexist attacks', *Newcastle Herald,* 1 September, http://www.theherald.com.au/story/291255/gillard-under-fire-from-sexist-attacks。

87. 你该不会需要他（前总理陆克文）的纳税人资助的保姆吧：Coorey, Phil, 2008, 'Neal sent to committee for demon child

taunt', *The Sydney Morning Herald,* 18 June, http://www.smh.com.au/news/national/neal-sent-to-committee-for-demon-childtaunt/2008/06/17/1213468423185.html。

88. 她无法理解当孩子到了某个特定的年龄时，父母如何看待他们：Grattan, Michelle, 2010, 'Liberal targets Gillard's childless status', *The Sydney Morning Herald,* 28 January, http://www.smh.com.au/national/liberal-targets-gillards-childless-status-20100127-myy2.html。

89. 更不用说考虑丈夫或伴侣的需求了：Albrechtsen, Janet, 2010, *The Australian,* July, quoted by Mahlab, Eve, 2012, 'Both sexes are to blame for misogynist vitriol against Gillard', *The Sydney Morning Herald,* 8 May, http://www.smh.com.au/federal-politics/political-opinion/both-sexes-are-to-blame-for-misogynist-vitriol-against-gillard-20120507-1y8zg.html。

90. 美国作家凯·希莫威茨：Kay Hymowitz, 2014, 'How single motherhood hurts kids', *The New York Times,* 8 February, https://opinionator.blogs.nytimes.com/2014/02/08/how-single-motherhood-hurts-kids/。

91. 澳大利亚心理学家贝蒂娜·阿恩特：Bettina Arndt, 2014, 'Some families are better than others for children', BettinaArndt.com.au, 26 August, http://www.bettinaarndt.com.au/news/

families-better-others-children/。

92. 不管是在情感层面，还是在心理层面或社会层面：Hadley, Robin, and Terry Hanley, 2011, 'Involuntarily childless men and the desire for fatherhood', Taylor & Francis Online, 24 January, http://bit.ly/1d1LVLb。

第四章　迷思与配对

93. 或者根本就是错误的：DePaulo, Bella, 2016, '17 benefits of the single life', Psychology Today, 4 August, https://www.psychologytoday.com/blog/living-single/201608/17-benefits-the-single-life。

94. 她被指责歪曲了关于单身与婚姻生活的研究结果：DePaulo, Bella, 2017, 'Get married, get healthy? Maybe not', *The New York Times*, 25 May, https://www.nytimes.com/2017/05/25/opinion/marriage-health-study.html。

95. 这些手段赋予婚姻有失公平的巨大优势：DePaulo, Bella, 2017, 'Marriage: how we got it so wrong for so long', Psychology Today, 3 June, https://www.psychologytoday.com/blog/living-single/201706/marriage-how-we-got-it-sowrong-so-long。

96. 驳斥了单身生活等于孤独的假设：Sarkisian, Natalia, and Naomi Gerstel, 2015, 'Does singlehood isolate or integrate? Examining the link between marital status and ties to kin, friends

and neighbors', *Journal of Social and Personal Relationships*, 3 August, http://journals.sagepub.com/doi/abs/10.1177/026540751559756?papetoc=&。

97. 继而更真实地与他人建立联结: Turkle, Sherry, 2015, 'Stop googling. Let's talk', *The New York Times*, 26 September, https://www.nytimes.com/2015/09/27/opinion/sunday/stop-googling-lets-talk.html?_r=0。

98. 虽然可能在其他人看来是孤独而非聪明，但这并不重要: Brown, Jessica, 2016, 'Smart people need more time alone, according to this study', Indy100, https://www.indy100.com/article/study-finds-intelligent-people-need-more-time-alone-to-behappy-7423191。

99. 与他人一起生活的人比独自生活的人更孤独: Hawkley, LC, and M Luhmann, 2016, 'Age differences in loneliness from late adolescence to oldest old age', PubMed.gov, US National Library of Medicine National Institutes of Health, 5 May, https://www.ncbi.nlm.nih.gov/pubmed/27148782。

100. 并没有令人信服的数据表明结婚会减轻一个人的孤独感: DePaulo, Bella, 2010, 'Stereotypes of singles? Robust. Actual differences between singles and couples? Not so much', *Psychology Today*, 13 October, https://www.psychologytoday.com/blog/

living-single/201010/stereotypes-singles-robust-actualdifferences-between-singles-and-couples。

101. 已婚人士并不会比单身人士更快乐、更幸福：Bumpass, Larry, and Kelly Musick, 2012, 'Reexamining the case for marriage: union formation and changes in well-being', *Journal of Marriage and Family*, vol. 74, no. 1, pp. 1–18, http://onlinelibrary.wiley.com/doi/10.1111/j.1741-3737.2011.00873.x/abstract。

102. 尤其对女性而言：Barrett, Michèle, and Mary McIntosh, 1982, *The Anti-Social Family*, Verso, London。

103. 终生单身的人比结婚的人更健康：White, JM, 1992, 'Marital status and well-being in Canada', *Journal of Family Issues*, vol. 13, pp. 390–409。

104. 终生单身的人患癌症的比例比结婚人士低，或基本相当：Randi, G, et al., 2004, 'Marital status and cancer risk in Italy', *Preventive Medicine*, vol. 38, pp. 523–8。

105. 且吸烟的概率最低：Cwikel, J, H Gramotnev and C Lee, 2006, 'Never-married childless women in Australia: health and social circumstances in older age', *Social Science & Medicine, vol. 62*, pp. 1991–2001。

106. 自己的工作时间比那些有孩子的女性长：Business in the Community, 2014, 'Opportunity now: project 28–40 the report',

March, p. 10, https://gender.bitc.org.uk/system/files/research/project_28-40_the_report.pdf。

107.就单身人士如何维护职位这一棘手的问题给出了一些建议：Savage, Maddy, 2017, 'How to say no at work when you don't have kids', BBC.com, 15 August, http://www.bbc.com/capital/story/20170814-how-to-say-no-at-work-when-you-dont-havekids?ocid=ww.social.link.twitter。

108.且经历过家庭破裂的青少年：Bowcott, Owen, 2015, 'Children of divorce: 82% rather parents separate than stay for the kids', *The Guardian,* 23 November, https://www.theguardian.com/lifeandstyle/2015/nov/22/children-divorce-resolution-survey-rather-parents-separate。

109.重要的是养育子女的质量，而非婚姻状况本身：Brown, Tiffany, 2012, 'Number of single parents raising children continues to increase', NewsOK, 18 January, http://newsok.com/article/3641194。

110.接受高等教育的可能性也更大：The Smith Family, 2017, 'Parents' interest vital to child's education', https://www.thesmithfamily.com.au/stories/familynews/parental-involvement-is-vital。

111.那些与祖父母关系密切的孩子出现情绪问题或行为问题的可

能性较低: University of Oxford, 2017, 'Grandparents contribute to children's wellbeing', Research, http://www.ox.ac.uk/research/research-impact/grandparents-contribute-childrens-wellbeing。

112. 多代同堂生活回归，这是一件好事: Snelling, Sherri, 2016, 'Multigenerational living is back and that's a good thing', Forbes, 9 October, https://www.forbes.com/sites/nextavenue/2016/10/09/multigenerational-living-is-back-andthats-a-good-thing/#5c888d015807。

113. 其生活状况几乎和那些与亲生父母生活在一起的孩子一样好: Harkness, Susan, 2014, 'Time to shift the policy spotlight off single parents', Society Central, 7 July, https://societycentral.ac.uk/2014/07/07/time-to-shift-the-policy-spotlight-off-singleparents/。

114. 相比在单亲家庭中长大，贫困更为不利: McVeigh, Tracy, 2014, 'Single mothers do just as good a job as couples', *The Guardian,* 20 July, https://www.theguardian.com/lifeandstyle/2014/jul/19/children-little-affected-by-loneparenthood。

115. 2016年，美国婚恋行业的估值超过25亿美元: Stewart, Caitlin, 2016, 'The dating services industry in 2016 and beyond', Market Research.com, 23 May, http://blog.marketresearch.com/dating-services-industry-in-2016-andbeyond。

116. 仅线上部分的估值就达到1.2亿澳元: *The Australian,* 2016,

'Dating site's love of Aussies keeps growing', 8 February, http://www.theaustralian.com.au/business/companies/dating-sites-love-of-aussies-keeps-growing/news-story/edd8f4515a32beec5e651711492aeb85。

117. 而非与他们真正能够遇到的人进行匹配: Murdoch, Cassie, 2017, 'Are dating apps the new social networks?', Mashable, 21 July, http://mashable.com/2017/07/21/dating-apps-social-media.amp。

118. 阿什利·麦迪逊网站丑闻被揭露: Ng, Kate, 2015, 'Ashley Madison subscriptions up despite data theft', *The Independent*, 29 December, http://www.independent.co.uk/news/business/news/ashley-madison-subscriptions-up-by-4-million-despite-data-theft-a6789481.html。

119. 有人声称存在大量虚假数据: Herper, Matthew, 2015, 'Were there 30 million cheaters on Ashley Madison, or 10? How estimates get out of hand', *The Independent*, 1 September, https://www.forbes.com/sites/matthewherper/2015/09/01/were-there-30-million-cheaters-onashley-madison-or-10-how-estimates-get-out-of-hand/。

120. 但最终走向婚姻的只有八千多人: Fairfax Media, 2016, 'Digital', http://www.fairfaxmedia.com.au/portfolio-au/digital。

121. 不过不要进行自我诊断: Narcissistic Personality Inventory,

https://openpsychometrics.org/tests/NPI/, from Raskin, R, and H Terry, 1988, 'A principal components analysis of the Narcissistic Personality Inventory and further evidence of its construct validity', *Journal of Personality and Social Psychology,* vol. 54, no. 5, pp. 890–902。

122. 取一个特别名字的趋势: Zhu, Jielei, 2016, 'How might baby names lead to narcissism?', NYC Data Science Academy, 24 July, http://blog.nycdatascience.com/student-works/r-visualization/link-baby-names-narcissism%EF%BC%9F/。

123. 父母对孩子自尊心的关注: Brummelman, Eddie, 2016, 'Does raising self-esteem turn children into narcissists?', Scientific American, 16 February, https://www.scientificamerican.com/article/does-raising-selfesteem-turn-children-into-narcissists/。

第五章　全新的政策视角

124. 限制了人们对宠物的饲养: Wedderburn, Pete, 2017, 'The social and economic value of pets to human society', *Telegraph* (UK), 7 February, http://www.telegraph.co.uk/pets/news-features/social-economic-value-petshuman-society/。

125. 《哈佛商业评论》发表了一篇题为《"野心—婚姻"权衡: 太多单身女性面临的难题》的文章: Bursztyn, Leonardo, Thomas

Fujiwara and Amanda Pallais, 2017, 'The ambition marriage trade-off too many single women face', *Harvard Business Review,* 8 May, https://hbr.org/2017/05/the-ambition-marriage-trade-off-too-manysingle-women-face。

126. "'妻子特质':婚恋市场动机及劳动力市场投资":Bursztyn, Leonardo, Thomas Fujiwara and Amanda Pallais, 2017, '"Acting wife": marriage market incentives and labor market investments', *American Economic Review,* vol. 107, no. 11, pp. 3288–319, https://scholar.harvard.edu/pallais/publications/acting-wife-marriage-market-incentives-and-labormarket-investments。

第六章　美好生活

127. 尤其是当政府需要确定高成本监管的好处时:McGinty, Jo Craven, 2016, 'Why the government puts a dollar value on life', *Wall Street Journal,* 25 March, https://www.wsj.com/articles/why-the-government-puts-a-dollar-value-on-life-1458911310。

128. 她可以每天工作十九、二十个小时:DePaulo, Bella, 2017, 'Single workers aren't there to pick up the slack for married people', *Quartz,* 25 May, https://qz.com/991030/your-single-coworkers-and-employees-arentthere-to-pick-up-the-slack-for-married-people/。

129. 职场文化将照顾孩子视为工作之外最有价值的个人事务：Carroll, Laura, 2015, 'The brutal truth about being childless at work', *Fortune,* 7 November, http://fortune.com/2015/11/07/truth-about-childless-at-work/。

130. 《另一种生活：现代女性寻求的全新快乐》：Notkin, Melanie, 2014, *Otherhood: Modern Women Finding a New Kind of Happiness,* Seal Press, Berkeley, CA。

131. 我们深受单一的身份概念之苦：Pearson, Noel, 2006, 'Layered identities and peace', Earth Dialogue Brisbane Festival, 23 July, http://www.capeyorkpartnerships.com/downloads/noel-pearson-papers/layeredidentities-and-peace-230706.pdf。

132. 那么他的书并不适合：Mackay, Hugh, 2013, *The Good Life,* Pan Macmillan Australia, Sydney。

133. 也不是通过追求独立的目标能够实现的：Mackay, Hugh, 2015, *The Art of Belonging,* Pan Macmillan Australia, Sydney。

134. 他在《没有虚度的人生》(*30 Lessons for Living*) 一书中总结了这些发现：Pillemer, Karl, 2012, *30 Lessons for Living,* Penguin Putnam, London。

135. 另一项是"去旅行的次数太少"：O'Grady, Sarah, 2015, 'Regrets, we have a few: here are the top five things older people wish they could change', *Express,* 6 August, http://www.express.

co.uk/news/uk/596315/top-things-older-people-change-wish。

136. 盖尔·希伊（Gail Sheehy）1976年出版的《人生历程》（*Passages*）：Sheehey, Gail, 1976, *Passages,* Ballantine Books, New York。

图书在版编目（CIP）数据

单身偏见 /（澳）克莱尔·佩恩著；张林译. -- 上海：上海文化出版社，2021.12
ISBN 978-7-5535-2413-9

Ⅰ.①单… Ⅱ.①克…②张… Ⅲ.①单身—社会学—研究 Ⅳ.①C913.13

中国版本图书馆CIP数据核字(2021)第218768号

Copyright © 2018 by Clare Payne
Published by arrangement with Zeitgeist Media Group Literary Agency, through The Grayhawk Agency Ltd.
Simplified Chinese translation copyright © 2021 by United Sky (Beijing) New Media Co., Ltd.
All rights reserved.

著作权合同登记号 图字：09-2021-0718 号

出 版 人：姜逸青
选题策划：联合天际·文艺生活工作室
责任编辑：王建敏
特约编辑：邵嘉瑜
封面设计：周安迪
美术编辑：程 阁

书	名：单身偏见
作	者：[澳] 克莱尔·佩恩
译	者：张 林
出	版：上海世纪出版集团 上海文化出版社
地	址：上海市闵行区号景路159弄A座2楼 201101
发	行：未读（天津）文化传媒有限公司
印	刷：三河市冀华印务有限公司
开	本：880mm×1230mm 1/32
印	张：6
版	次：2021年12月第一版 2021年12月第一次印刷
书	号：ISBN 978-7-5535-2413-9/C.006
定	价：45.00 元

关注未读好书

未读CLUB
会员服务平台

本书若有质量问题，请与本公司图书销售中心联系调换
电话：(010) 52435752

未经许可，不得以任何方式
复制或抄袭本书部分或全部内容
版权所有，侵权必究